大夏书系·教育随笔

学校是美的

柳袁照 著

华东师范大学出版社
ECNUP
全国百佳图书出版单位

生命的光彩

是自己也是别人

相互的蹉跎岁月

成了相互的陪伴与衬托

——柳袁照

目 录

学校是美的

彼方的诗意

日常悟教育

西花园情怀

学校是美的

　　假日，外面到处是车、人。水边、山里，只要是风景，到处是人。校园里，平时热闹的地方，反而空荡荡，悄无声息。假如心也能够随这园子静下来，走走，看看，坐坐，想想，也许会体悟到许多道理。静与动都是相对的、变化的；人在与不在，也都是一时的，甚至是瞬刻的。历史的记忆，在哪里？文化的气息，是什么？教育的、学校的、老师的宝藏，也许就是眼前的一棵草、一块匾、一扇门、一块石头而已。

　　校园，对老师来说，是另一个家。自己工作岗位的那块空间，能够作为另一个家。那个空间一定有她能够被人当成家的可爱之处，爱着她必然有爱的理由，理由在哪里呢？与她相处，是一种互动的交流，有碰撞有融合。我遇到这样一所学校，受她浸润，体验她的美、她的真，于是，我出了一本书——《教育是什么》，那是这所学校一百年来的

故事，叙述一百多年来那个园子里的人与事。那是对家的感受，流淌的同样是亲情。

仅仅生活在家里，是不够的，还必须走出去。一直处在内部，是不是会束缚自己？一个天天在校园里的人，是不是也需要离开一阵子？换一个角度，换一种视野，换一种思维方式，会不会获得一种新的审美趣味？我喜欢出去走走，有时走得很远，有时走得很近。那是天地山川、森林草原，那也是小桥流水、莺歌燕舞。不一样的风光、风雨，不一样的春花、秋叶，在我们相遇的一瞬间，会有一种特别的意味。我的许多教育感悟，就是于这样的场合获得的。那也是继《教育是什么》之后，这本《学校是美的》的由来。它是我面对外部世界的"自言自语"，其实，也是在一种新的语境下的自我对话。

从《教育是什么》到《学校是美的》，对我来说是一段旅程。时光，从春夏秋冬再到春夏秋冬；空间，从学校再到学校。不过，我相信，虽然还是春夏秋冬，但已不是原来的那个春夏秋冬；学校，虽然地理方位没有丝毫的变化，但已不是原来的那个学校。正如古老的建筑之旁的那棵梧桐树，年年绿了又黄，但经历的是岁月。梧桐树下，走过的学子，一年又一年，总是十七八岁的年龄，青春又美好，但是又不同以往世界的变化，都是在这样的变与不变之间，教育的、学校的进步是不是也如此呢？

什么样的学校状态是理想的状态？什么样的教育状态是美妙的

状态？仅在学校里去设想、去追求，往往是不够的。从丰富的自然世界、缤纷的社会中去获得灵感，参照、比较，会给我们一个意想不到的全新的视野。古人在天地山川、草木、鸟兽、虫鱼之间，往往有得（王安石《游褒禅山记》中语），说得好。范仲淹面对岳阳楼（即使他没有去过岳阳楼，仅仅对着岳阳楼之画），就获得"不以物喜，不以己悲""先天下之忧而忧，后天下之乐而乐"的感慨。柳宗元游永州的小石潭，看到水中的鱼"皆若空游无所依"，而悟人生孤独需超脱的境界。确切地说，苏轼、王安石、欧阳修不走向赤壁、石钟山、琅琊山，何来《赤壁赋》《游褒禅山记》《醉翁亭记》？这些文章的意义不仅在于游记本身，还在于游记呈现的思想，以及产生这些思想的途径与方式。我们能说柳宗元、王安石、苏轼、范仲淹、欧阳修不是一个老师吗？难道我们不能从他们身上获得某种有关教育的启示吗？

但仅仅体悟万物是不够的，还要在万事之中体悟。所有的事件之中，我们都能找到教育的因素或教育的启迪。教育是什么？教育就是给人以阳光。不管我们意识到还是意识不到，太阳总是在那里。不管有阳光，还是没有阳光，太阳总是在那里。什么是教育？教育就是拨去乌云让万事与万物一样——发生的时候，有阳光照着。我们身边每天都发生着或大或小的事情，有些事情有意义，有些事情看似无意义。这些大大小小的事情，有的有联系，有的看似不那么有联系。什么是教育？教育就是让那些有意义的事情更有意义，让那些看似没有意义的事情彰显意义。教育是什么？就是将那些相联系的事情梳理成体系，并揭示其规律；就是对那些看似没有联系的事情，作出准确的判断，找出它们之间的内在联系，并呈现出相互影响的轨迹。

　　《学校是美的》中有一些篇幅，写的是我家中的故事——我的父母亲人，以及自己的人生经历——我的底色，家庭的底色，生活、工作环境的底色。底色即背景，文化的背景，社会的背景，这是我理解人生、理解社会的基础，也是我理解教育、理解学校的基础，是我做教育工作的本色之色，是我生命中的阳光。从这个家到那个家，把生命融入学校、融入教育，是偶然也是必然，是经意与不经意的结果，也是人生的归属。节假日，大家都会出门走走，看看风景，这是生命中的小憩。只有从家中走出来，才会回家，没有离开过，也就不会有回来。而我在这个时候，选择从这个家到那个家，是"离家"亦是"回家"。教育是什么？教育就是心中美美的愿望，无论何时何地，做什么、想什么，都是美丽。老子云："致虚极，守静笃。万物并作，……各复归其根。"说得何其好，一棵草、一块匾、一扇门、一块石头，万事万物，在我看来，都是灵动的、有生命状态的，教育的真谛往往蕴含其中。

柳袁照

2015 年 10 月 2 日

本是草木情

也许我会天长地久

站成一块石

也许我会站成一道风景

——《风景》

我的母亲

我想写一篇关于我母亲的文字，哪怕是一段也好。

母亲去世已经有四十多天了，现在我仍会想起她，眼前浮现她的身影，特别是她去世前躺在医院病床上的样子，尽管那时她已经不能开口说话了，但我明白她所有的意思。

母亲住院三十三天，这次入院再也没回家。住院的时候，她曾很固执地想回去，做子女的不忍心让她带病回家，现在想想母亲是知道自己不行了，想在自己的家里离去。

母亲出生在太湖西山，是一个山里人。对她的身世，我只是在她去世以后，才更清楚地知道一些。总之，她是一个很倔强、固执，而又吃过许多苦的人。在她临终前的一个星期，她是很痛苦的。但我没有听见她呻吟一声，坚强得几乎让我不敢相信。现在，回想起来，她的这种坚强贯穿了她的一生。这种乡下山里人的秉性，是一种本色。

我要感谢我的母亲。她在临去世前的一个月，还是给了我一个出访北欧的机会。教育部在今年暑期组织了一个中学校长团赴北欧，就在我临出行前的两天，母亲病发住院，而且接到了病危通知书。按常理我不该也不能出去了，但我还是决定随团而走。那天夜里我几乎没睡，早晨很早就赶到医院向母亲告别，她斜躺在床上，对我挥挥手。我对她说："我要去出差，你要等我回来。"她问我要多少时间，我说要一个星期。她像孩子一样答应了。从离开

我时时会想起她，眼前晃动她的影子，她的这种坚强贯穿了她的一生。

她的这一刻起，我就开始担忧，就开始后悔，就开始在内心责备自己，我反复地问自己：母亲能够等得到我回来吗？

我先后到了芬兰、瑞典、冰岛、挪威和丹麦五个国家。

北欧之行，我穿梭在人文与自然的境界之中，但我的心却始终悬着。孔子说：父母在，不远游。那时那刻我对此话才有了深切的体会。手机始终开着，每隔几分钟我就要拿出来看看有没有什么电话、有没有什么信息。既怕有电话来，又怕没有电话来。每天都在心里计算着还有几天就能回去了，甚至，心里还会计算着：假如此刻来了不幸的消息，我即刻返回将要多少时间？最难熬的是在冰岛，手机信号时有时无，有时几个小时没有信号。那天我接到从母亲病房打来的电话，说老人家又一次病危，当时的感受是任何人不亲身经历都不会有的。后来兄长又传来信息，母亲不时地问我何时能回去。看到信息时的情感，只有在远方心系母亲，又无能为力，又可能面临从此永

学校是美的

世诀别的儿子才懂。

母亲从小被父母送到村上的人家去做童养媳，二十五岁那年已经有两个女儿了。家庭的变故，使她毅然出走来到苏州为人女佣。经人介绍认识了我父亲，当时我父亲刚丧偶不久，留下三个小孩，最小的只有三岁。母亲在这个新家庭，首先是以"后娘"的角色，承担起家庭的责任。试想一个母亲丢下自己亲生的儿女，却去抚养别人的小孩，是如何的酸楚。母亲来到我们家，与父亲又生下我们五个子女。一生在家抚养小孩，支撑家庭。不识字，也没有出门工作过。我是最小的儿子，是母亲四十一岁那年生的，今年她九十一岁。小时候家庭是很贫苦的，床没有床架，像那些橱柜之类的家具一律没有，只是用几块木板钉了几个大箱子。但说真话我所过的日子并不太苦，我最小，一直被母亲和大家宠惯着。家里虽然清贫，但也其乐融融。我从没饿过肚子、挨过冻，尽管衣服是补丁叠补丁。父亲一人工作养活全家，母亲承担起家庭的所有事务，一生的辛劳，堪比维格兰雕塑中的人物，甚而有过之。

数日以后，我返回了苏州。

母亲仍在医院。从北欧回来能够让我再见到母亲，这是上苍对我的眷顾。回来的当天我就去了医院，给母亲带去了芬兰巧克力等北欧食品，她能轻轻地与我对话，神情似乎比我临去北欧前好一些。第二天夜里我值守陪伴她，她睡着，我的一位兄长也在凳椅上陪伴睡着，我坐在病房里，在电脑上做我自己的事情。夜深人静，全病区静悄悄的，好像整体都睡着了，母亲似乎睡得很深很香，只是在午夜下床小解了一次，我心大安。然后在边上空着的病床上迷蒙地合眼睡了一小时。第二天清晨，一切都很正常，我也正常地去学校上班。

这是母亲入院以来状态最好的一次，至少是我见到的最好的一次。然而从这天下午开始，母亲病情开始恶化，经常整天不吃喝一口。有时我匆匆上医院，喂她一口两口，像哄小孩一样。后来知道，那时她的口腔、食道，甚至肠胃都已经溃疡，她吞咽一口水、一口汤都要付出痛苦难忍的代价。她强忍着吞下或咽下的这一口水、一口汤，与其说是为自己，不如说是为了我们子女——为了不扫我们子女的兴，不拂我们子女的好意。

母亲住院的一段时间里，我的两位兄长夜里为了让母亲安心、不吵闹，竟陪她睡在身边，一位九十一岁的母亲、一位近六十岁的儿子，共枕一个枕头，亲情融融，我这个做弟弟的看了也为之动容。我兄长在母亲去世后告诉我，垂危的母亲半夜还会为儿子掖被子呢。

现在，母亲去世了，我想着记下这一段文字，把它献给我的母亲——母亲在她最后十多年的岁月中，从未说过骂过我一句，我大概是我们众多兄弟姐妹中唯一有此殊荣的人——我很惭愧。

2007 年 10 月 25 日

学校是美的

我的父亲

　　我想写写苏州的定慧寺巷，它是我少年和青年时代待过的地方。我写定慧寺巷，不是为我，而是为我的父亲。

　　十一岁那年我跟着父母亲从镇江到苏州，就住在定慧寺巷的东头。父亲是 1950 年从上海到镇江的，退休以后把我们一家又带回了老家苏州。他一生很多时间都在火车站工作，以此养家糊口。

　　苏州老家没有老宅，我的姑母，即我父亲的同父异母的姐姐住在定慧寺巷，我们一家最初就借居在她家。那年是 1966 年，苏州给我的第一个印象是：许多人家都把瓷器、字画、佛像、神器等拿到巷里，扔了、毁了、烧了，父亲带着我怔怔地看着。

　　定慧寺巷的东口，有一座古色古香的石板桥，叫吴王桥。走过桥是钟楼头，当时是很冷清的地方，还没有钟楼新村。定慧寺巷的西口，是甫桥西街。甫桥西街没有一家商业店铺，马路两旁种着女贞树，没有一点喧闹，是一条很幽静的街。现在不一样了，改名叫凤凰街，街两旁开满了灯红酒绿的饭店酒家。

　　我来到苏州就在巷子里读小学，就是现在叫双塔公园的地方。很简陋的房舍，双塔就在校园内。双塔的西面是操场，南面建起的一排平房，就是我们的教室。双塔是被围墙圈在校园内的，里面一片荒芜。我现在才知道，那荒芜的园子，原是五代罗汉院大殿遗址，曾是香火旺盛的所在。

　　过了没有几个月，房管所给我们分了房子，一间正房一间厢房，很巧的是，这个住所，还在定慧寺巷。只是从东头搬到了西头，离甫桥西街只隔一家门面。我在此一直住到而立之年以后才离开。虽然，其间我下乡插队，上大学，离开了苏州多年，可我的家还在那里。

我还是说说我父亲吧。我父亲小时候不是在定慧寺巷长大的，只是六十岁以后一直生活在这里，直到去世。父亲六岁丧父，是祖母，还有他的两个同父异母的哥哥、姐姐把他拉扯大的。他既受娇宠又吃过苦头——曾经做过小贩，却亏了本；给茶馆跑过堂，却把茶水泼翻了几次。他读过几年私塾，写得一手好毛笔字，挺拔而有力；但自理能力很差，直到去世，不会洗一件衣服、烧一锅饭。

我父亲曾娶我大妈为妻，生两男两女。大妈患病去世，父亲又娶了我母亲，我母亲又生了我们两女三男。父亲生我的时候已经五十一岁了。在我的印象中，与其说他是父亲，不如说是祖父。

父亲是怀着落叶归根的心情回苏州的。1966 年及以后的几年，是特殊的几年。那几年，父亲心里一定悲哀。大概 1945 年，父亲凭自己识几个字的优势，到了上海火车站工作，还加入了国民党。听父亲说，他们是集体加入的，解放战争时期，铁路部门是半军事单位，不参加意味着将失去饭碗。

就是这件事让父亲吃尽了苦。当时，我在双塔小学读四五年级，有时放学回家，就会看到几个人坐在厢房里，与父亲谈话，气氛很紧张。母亲会偷偷地拉我到一旁，打发我到角落的厨房去。父亲是国民党，写得一手好字，大概担任了文书什么职务。那时不时会有一些单位的人来调查、取证于一些"当权人"。在那个时候，这是了不得的大事啊。居委会如临大敌，邻居戳戳点点。我常常躺在床上，在漆黑的夜，仰望着天花板，听父母在床上辗转反侧的声音。

有一件事，虽然已经过去四十年了，我还清楚地记得当时的情景：我坐在五二班教室，在我的北面是双塔，从窗口望过去，斑驳而灰暗。在上一节语文课吧，老师讲完课，还剩几分钟，他突然神情严肃地对大家说：我们这

学校是美的

里的一个同学，他的父亲原来是国民党特务，这个同学同样也隐藏得很深。接下来这位老师说什么，我一句都没听见，只感觉五雷轰顶。我是如何的羞愧！我是如何的心冷！那窗外的双塔扬起头，在我看来直刺云天，这位老师的两句话，更像两把刺刀插入我的心里。

那一天，我是流着泪走回家的。回家后我什么也没说，望着悲哀的父亲、悲哀的母亲，我什么也没说。现在父亲去世二十多年、母亲去世两年了，今天我才第一次从心里说出来。

1974年，我从苏州十中高中毕业，去了太仓乡下插队落户。父亲年近七十岁，与六十岁的母亲一起，从定慧寺巷的那个小屋，送我到了太仓靠近浏河的杨林河边，他们的脸上只有无奈和慈爱的神情。在农村的几年，我不常回家。每次回，都看到父亲格外高兴。他手臂上常佩着一只红袖章，坐在定慧寺巷中的苏公弄口值班。我心里知道他高兴的理由：那说明他政治上没问题，居委会让他值班，是对他的信任，他虔诚地认为，居委会对他信任，就是政府对他信任。

苏公弄南头是定慧寺，苏轼与寺院住持僧守钦友善，常往来定慧寺。当年父亲坐在弄口，注视来往行人，有何感想？其实，那时候他只有苦尽甘来的那种满足：感到可以直起腰杆做人，可以不再连累儿女了，哪有什么思古之情。

也许是少年时候的这段经历，我曾是很内敛的人，在人面前很少说话，在陌生人面前更不会说话。小学、中学的时候，放学就在家里，不出门，我从不与巷子里的邻居小孩玩。母亲也不会让我干家里的活，我只是看书、读书。父亲也从没有问过我学习成绩好坏的事，但父亲是一个把荣誉看得比较重的人。我的去青海支边的二哥，是第一个为他挽回面子的人。我二哥在青藏高原几十年，在70年代早期就加入了中国共产党，并成为盐区一个基层党组织的主要领导人。这件事，是父亲晚年的重大事件了。在父亲看来，二哥为我们这个一度受压抑的家庭光宗耀祖了。意义不仅限于此，他的子女都会有光明的前程了。父亲晚年是长长舒了一口气的——终于没有让自己的历史问题影响子女。

父亲是怀着落叶归根的心情回苏州的，那几年，是特殊的几年，父亲心里一定悲哀。

父亲去世已经二十多年了，有一个形象定格在我心里：他把两手笼进袖管里，趴在厢房中的桌子上，不紧不慢地给我讲定慧寺巷中的故事。他说，定慧寺巷是读书人待的地方，双塔是两支笔，定慧寺巷东头，走过吴王桥，穿过钟楼头的那座方塔，是砚。读书人都要到定慧寺巷来赶考。当时我听了，感觉到父亲有些迂，很不相信。现在，我查阅资料才知道，定慧寺巷曾经是苏州贡院所在地，在双塔之西，苏公弄之东的地方，江苏巡抚李鸿章建。

　　1977 年那个冬天，积压在社会上的十届初、高中毕业生，像火山口流出的岩浆，赶赴恢复高考后的第一个考场。我有幸成为我们生产大队第一个也是唯一一个在第一次恢复高考中考取大学的人。父亲人老了，步履蹒跚了，他把我的录取看作是人生的高峰。看到邻居会主动走过去，会说，我小儿子录取了；看到亲戚会主动走过去说，我小儿子录取了。我是我们这一代人中的第一个大学生，怎能不让父亲欣喜和欣慰呢？

　　父亲的晚年是平静和宽心的。我的哥哥、姐姐都成了家，生儿育女了。他几乎是每天坐在客堂里的藤椅上，怀抱孙子或外孙女，阳光照在他身上。有时临近傍晚的时候，小外孙、孙女们放学回家，他会带着他们，小心翼翼地从家里走到巷里，再从巷子里走到甫桥西街，最后从甫桥西街走到濂溪坊的馄饨店，花七分钱，买一碗小馄饨。当时的濂溪坊如今已经成为干将路的一部分了，往事依稀，父亲就这样走完了他的一生。

2009 年 12 月 2 日

学校是美的

顾老板

在教育界，没有人不知道顾老板的。他当了苏州十三年的教育局长，他叫顾敦荣。1992年初，他把我从学校调到教育局办公室，从事文字工作，我跟了他整整五年。

去年十月，"人民教育家"论坛在我校举行，全国各地来了三百多位来宾。我以"诗性教育"为主题作了报告。站在振华堂的讲坛上，我对大家说："今天我的老局长、老领导——顾敦荣先生也在座，是他把我真正领到了教育之路上，在这个时刻，我请全国各地的各位校长朋友，与我一起，用掌声首先向他表示最崇高的敬意。"事后，坐在顾老板边上的一位媒体老总告诉我：当时顾老板坐在那里一动不动，只是说"柳袁照今天发毛病了"，这话重复了三遍。

顾老板大学毕业以后，分配到江阴祝塘中学教书，一去就是二十多年。顾老板学的是物理，但也能教语文。他在二十八中几年，当普通老师、教导副主任、副校长，一年以后，即被任命为苏州市教育局长，可谓青云直上。

顾老板睿智，又有威势。教育局机关人员与校长们几乎人人怕他，他工作时间不苟言笑，谈工作单刀直入，不给人情面。他听汇报，一下子就能抓住要害，三言两语就能把别人说半天的话概括出来。我曾见到一个"做错了事的校长"去见他，发窘，几乎一下子说不出话来。但他的威势，是靠他的学识、能力和人品建立的。

顾老板外表威严，内心古道热肠。有一次下乡调研，到了一所条件很艰苦的农村小学，看到老师在那样的环境下坚守，竟流下了眼泪。他轻易不批评人，更不骂人。他骂过我一次，他说年轻人要淡定，不要急躁。大概他看出我有些不安于整天写文章的苗头。他说我的时候，我根本不能分辩。有一次，我写的稿子被一再退回，反复修改还是不行，感觉自己受了委屈，竟在一个多人的场合上，站起身甩门而出。后来顾老板找我，要我改改脾气，说这样很不好，伤人，也伤自己，影响工作。那次批评有点骂人的样子，我一直记得。

我给他写文章，写前听他说思路，写完交给他，一般不要重写的，他看看，开会就去讲。他不会从头到尾念稿子。他没稿子比有稿子讲得好，没准备比有准备讲得好，他有直觉思维的功力。

二十世纪九十年代中期的一天，他到苏州中学去开座谈会，然后一个一个找教师骨干谈话，捕捉信息，发现人才，被他谈话的老师，许多今天或已是市领导、局领导、校领导，或已是特级教师，皆成中流砥柱。调研结束，我与他坐在汽车上，他突然问我对苏州中学这样的老校的感觉。我到教育局还没几年，一直很拘谨，跟在领导后面，不轻易发言表态。但那天若有所悟，我说：百年老校搞得好，深厚的底蕴是动力，搞得不好是负担。顾老板听后大为赞赏，还说，其实在苏州中学这样的学校当校长，比在教育局当局长要有意义得多。他说，如我自己可以选择，我宁愿当校长，不当局长。后来我到苏州十中，重视传统，重视文化，与这次经历不无关系。

我经常陪他出差，出差在外他就判若两人，唱歌、打牌、讲笑话，五十多岁了，高兴时竟在房间里表演竖蜻蜓，把自己倒立在墙角。有一年，去珠海参加一个教育部的会议，当时的珠海市委书记梁广大接待我们，请大家去吃饭。坐的一辆面包车，到了饭店，进了饭厅，给我们开车的人，也随我们一起进去，直接坐到主桌上。我很诧异，就对顾老板说，怎么这个驾驶员不懂规矩？顾老板马上对我说，你不要乱说，他是教育局局长。客人来了，局长自己开面包车接待，够新鲜的。晚上我们两个人一个房间，聊天聊地，他

　　　　　　　　　　　　　　　　学校是美的

没有一点局长的架子和威严。也许是喝了一点儿酒的缘故，他竟然善意地取笑我，对我说：你这么个年纪的人了，还跟着我写材料，真没出息。我回答他，我原先只是一个农村普通教师，后来调到城里，也只是一个普通教师，全市教师却有上万人，我能够在上万人中"脱颖而出"，到局长身边，写稿做事，哪是容易的啊？躺在床上，我们相互调侃，其乐融融。

1997年，他担任苏州市政协秘书长，离开了教育，但视野从没有离开教育，之后的历届教育局长遇到重大事情，总会先去听听他的想法。大家称他"顾老板"，是对他的尊称，蕴涵了大家对他的敬意。现在他七十多岁了，还担任着苏州市老年大学的校长。顾老板的气场很足，人气很旺，很有凝聚力，副手下班前几乎都会聚集到他办公室，交流一天的工作。

2002年我离开局机关，来到学校。四年前，省厅历届的老领导、全省十三个城市的教育局老领导，被顾老板邀请到苏州相聚，来视察我们学校。早已淡定的他们，在那个场合，赞语不断。那个场合，与其说我沉浸在美誉之中，不如说是顾老板沉浸在快乐之中，他脸上的欣喜，是父母看到自己的小孩被朋友们称赞时所流露的欣喜。

有一次北大著名教授钱理群到苏州来讲鲁迅。顾老板得悉后，把他邀请到十中。钱理群是他南师大附中的同班同学。走在校园，顾老板向钱教授介绍十中的文化、历史，钱理群被他感染，主动要求为学生作一场报告。钱理群、顾老板和我坐在瑞云楼下的玻璃房里，面对西花园的一花一木，谈教师，谈教师的发展。他们告诫我，教育是慢的艺术，学校不是每天出新闻的地方。一席话，瞬间让我触动，真如醍醐灌顶。

顾老板也是一个思维敏捷、视野开阔的人，最大的特点是能够在错综复杂的事态面前找到头绪。20世纪90年代初，苏州在全国地级市中第一个实现九年义务教育，也是第一个扫除青壮年文盲的城市，国家教委专门发来贺电，全国各大媒体同时报道。之后，苏州又不失时机地启动了教育基本现代化工程。我跟着他几乎走遍了全市的每一个乡镇，他到农村不是先跑学校，而是

曾经，一路看着你的样子，我摄下的照片，不足以反映你的整个风貌光彩。

先跑乡镇政府。他改革教育结构，是跑企业，借鉴德国"双元制"模式，让教育贴近经济社会的实际。这些事情在今天看来都是很平常的，但在那个时候，真是"前无古人"。顾老板是一个名副其实的智囊人物，在几平方米的小屋内，畅谈教育的宏图。国家和省制定新的改革政策，往往会汲取苏州先行的经验和做法，从那时到现在，一直如此。

今年是我认识顾老板第二十年，这二十年是我一路跟着他学、跟着他做的二十年。他是我的长辈，他比我长十九岁，是我终身的领导和老师。此刻，我坐在西花园的阳光下，写下以上文字，尽管都是小事、琐事，不足以反映他的整个风貌光彩，但表达的是我对他的景仰之情。我现在经常对他说：我有优点，是学的你；我有缺点，也是学的你。你不要再骂我啊，好坏都是你自己的责任。我讲这话，看似调侃，其实还是在掩饰我对他的惧怕。尽管如此，我办学遇到大事、难事、疑难事，都会去向他叙说，向他请教。

2011 年 3 月 2 日

学校是美的

毛家市

我在毛家市那里待了五年——从二十三岁至二十八岁，我最青春最美好的一段时光。

毛家市，在太仓境内，我在那里工作的时候，它已经不叫毛家市了。我是从当地老人那儿知道的，我在的时候叫新毛公社，后来叫新毛乡，现在没了，合并进了城厢镇。

我是去做老师的。大学毕业后，我被分配在那儿，说分配还有点不准确，准确地说我是要求去那儿的。我是苏州知青，恢复高考第一年，就被录取了，毕业时分配的政策是：哪里来，再回哪里去。如此我又回到了太仓，我插队的地方是岳王市（岳王市现在也没有了，并给了沙溪镇）。我对组织上说，就让我去离苏州最近的一个公社吧，于是就去了新毛公社。公社所在地有两条街，一新一旧，街两旁有供销社、邮局、信用社、卫生院、学校、理发店，以及几家小店小铺。我就在毛家市最东边的新毛中学，当了语文老师。

那样的生活再也不会有了，那是一段历史，无法复制。我所在的新毛中学，是一所农村集镇中学，为普及农村教育而办，先是初中，然后"戴帽子"又办高中，成为一所完中，后来为提高办学效益，又把高中撤并了。前几年，初中也不办了，现在已经没了。

那是在乱坟堆里办起的学校。老师来自四面八方——上海的、苏州的、无锡的，以及远远近近其他公社的，知青老师居多。新毛中学的校舍，是三排平房，每排四间房子，有的做教室，有的做教师办公室，一间最大的办公室，在里面隔一小间，就是校长、教导主任办公室。每个年级两个班，最多的时候是三个班。学生都是本地的，大多是乡下的，少量是街上的居民子弟，都很纯朴。

那五年我就住在校园。在三排校舍之后，最北边是一条小河，河水清冽，两岸青草萋萋，岸上错落的杨树、柳树、榆树，树影倒挂在水面上，与桥影、云影相摩挲，很自然的景致，今天想想也是奢侈。河的这一边是五间茅草房，三间是我们外地老师的宿舍，两个人一间；两间是食堂，食堂是土灶，就是几十年前苏南农村常见到的烧稻秆麦秆的那种。中午当地的老师也在那里吃，大锅饭，一人一份，菜也是分好的，烧什么吃什么。河对岸是农田，不久公社卫生院搬到那里。隔河不远处就是太平间，晚上漆黑一片，让人悚然，如果星光满地，却又更为凄然。

我们那一批年轻老师，周一至周五的晚上是相聚的时间。在食堂吃过简单的晚餐，三五一群，走出校门，走到田野上。春天小麦、野花，秋天稻谷、玉米，看农家袅袅的炊烟。或在办公室摆出"康乐球"桌子，你一枪，我一棒，边上围着一圈人观赏，起哄。我们那时候，很少喝酒、聚餐。

那时候电视机刚兴起，大尺寸的更是少见，整个学校只有一台，在前面办公室。晚上，我们住校的以及住在学校附近的老师，会聚集在一起看电视。当年中国女排的三连冠的几场关键比赛，我们都是在那里观看的，边观看还要边欢呼。刚去的头一两年，我不经常回家，周日住在学校里，其他老师一般都会回家。偌大的校园就留我一个人了，遇到大黑天，我就在茅屋里不敢出去，后来胆子大了，遇到有好节目，也要一个人从河边走到前面的办公室去，三步两步，像疾风一样。看完节目，回宿舍，虽然还沉浸在剧情里、戏情里，但一想起这里曾是乱坟堆，就会毛骨悚然——尽管如此，我还是在周六、周日的夜里走来走去。我小时候没有练过毛笔字，但那段时间，我隔三差五在晚上夜深人静的时候，写几页毛笔字。

发生的一些有趣的事还记忆犹新。毛老师，教体育，高大而英俊，苏州人，曾为插队知青，我与他同住一间河边茅屋。他长我七八岁，我看着他找到女朋友、结婚、生子。他儿子一岁多时的一个星期六，他原本不准备回苏州了，但思家心切，还是回去了，骑了一辆自行车走了。傍晚，天黑了，一个妇女抱着一个小孩子，来到了学校。她是毛老师的妻子，想给毛老师一个惊喜，没想到两人走岔了。学校没有长途电话，更没有手机，我奔到街上的邮局，找到值班的人，打到毛老师的家，即山塘街上一家小店的公用电话上，让店主传递消息。毛老师还没有到家，等他回到家，长途汽车早没有了，他旋即只能又骑上自行车回新毛，折腾下来，已是深夜。后来，毛老师调回苏州，几年以后，我也调回苏州，再后来，他的小孩大学毕业，应聘到我们的学校当老师，我们成为同事。

顾老师，比我小几岁，后来分配来的，学中文，喜古文，少年老成，与我面对面坐，我们似乎棋逢对手，经常就某些文学典故舌战不止。一个周末他说不回城厢镇了，说有个同学要来，吞吞吐吐说是女同学。来了，两个人在田野星光下说个不停。我问他，是谁？是不是女朋友？他说不是，是他大学里最好的同学的女朋友，遇到一些问题，与他谈谈，让他协调。这事过去了许多年，我遇到顾老师，偶然提到此事，我问他，你男女同学的爱情最后被你协调得如何啦？他取笑我说，柳老师啊，你傻不傻啊，哪里是我同学的女朋友啊，是我的女朋友，她是过来问我还爱不爱她，是分手前的最后一次约会。我们兄弟相称，做兄的被弟"欺骗"竟那么多年。

那里的老师流动很快，外地老师待一两年以后，都会想办法调走。回城里，或老家。有几个人印象很深。一个是金老师，当时也近五十岁了，外地人，在当地成家生子，快快乐乐。他特正直，凡有不平总要说，也敢说，是正义的化身。突然有一天，他说要调到苏州去了，原来当年他的几个同事都已经成了大官，帮他落实了政策，在苏州当了一个不大不小饭店的总经理。一个是周老师，城厢镇人，家安在新毛镇，是语文教研组长，60 年代初的大学生，有学识，对世事有自己的看法，但人极圆熟，遇事轻易不表态，表态也是点到即止。备课、批作业到了兴致处，人不是坐在椅子上，而是自己整个人都蹲在椅子上面，一边还会得意地哼着小调，不久也一半凭着自己的学识，一半凭关系，调到县高中去当骨干了。一个是陈老师，我曾与之住过一个房间，他是双凤公社人，与新毛相邻。犯过错误，可能是不该爱上一位农村女孩，不让他做老师了，让他回到农村务农。多次上访后，上级同意他返回学校，但不能待在原地。

对我们年轻老师来说，新毛中学是起步的地方。一个教书异常认真而憨厚的王老师，调到了当地公社；一个灵气十足而调皮的张老师，调到邻近的公社，现在都是很显眼的父母官。现在想想，现在农村一些干部，都是从那个时候的学校走出去的，从此他们有了新的天地，音容笑貌、言谈举止都与留在学校的老师们大不一样了。

这里的许多人和事，都留在我生命中了。有一个人，我是必定要写的，他是俞校长，沙溪人，离家只有十几里的路，但天天住校，有时星期天也不回去；周六晚上如回家了，周日傍晚一定回校。学校大事小事都是俞校长管着，他坚持上课，却不听我们的课。只在吃饭的时候，与我们聊几句天，大事小事他几乎都知道，心里明白，却不说出来。他对我们外地的老师最大的不满意，就是每周要回去。他对我不错，我迟到早退，他也不经常批评我，只是偶尔借题发挥，不轻不重说说而已。接到调令后，我要走了，去向他告辞。我说："这几年真对不起学校，经常往苏州跑，来来去去，给校长带来麻烦了。回苏州以后，家庭安定了，我会把精力全部扑在工作上。"没想到，临别前，他竟说了一句我一辈子不能忘怀的话，他先骂了一句，接着笑着说，估计你也不会好到哪里去了。听得我心头一愣。想想也有委屈，当年插队，全大队我第一个考取大学，离开农村；等我毕业了，所有的知青都走了，留下我一人。从十八岁至二十八岁，除了读书那几年，我的青春都献给了农村。临走了，却得到这么一句逆耳的话。俞校长是一个长者，我不敢顶嘴，其实，

永远、长久，或许、也许，都无济于事。

他对我是信任的，他把儿子放在新毛读书，就选择放在我的班上，他说我的
课活。临别前他对我说的那句话，对我产生了影响。回苏州以后，我做班主
任，第二年的"创造杯"活动，就得了两个全国一等奖，还获得德育论文苏
州市一等奖。客观地说，这些与俞校长的"激将"不无关系。后来，他也调
回家乡，当校长直至退休，我曾去沙溪看望他两次。

　　离开新毛以后，总是想着那里，也回去过几次。有一次，我带着女儿到
新毛中学。在那条河边，给她说怎样打破冰层给她洗尿布的往事。走在我曾
走过五年的毛家市的老街，告诉她：这里，我曾驻足，在桥栏边——仰望天
空时，像有一群群的鸡鸭摇过；那里，楼下黝黑的店堂里，每月我都会坐在
那把破旧的摇椅上理发，桌上的录音机都会播放邓丽君的歌曲。我告诉她，
这个地方虽然平常，虽然当年天天想离开，甚至有些怨恨它，但是，多少年
过去以后，回想起来却是那么亲切，包括一草一木。

毛家市，那个时候是公路的尽头，每天只有几班农村与公社相连的公共汽车。那时长途车还不直达，只能坐到县际公路口，沿着一条简易路再走进来，需半个小时。那时回苏州、返新毛是不敢多带行李的。新毛中学更在毛家市街衢的尽头，再走过去，都是田埂小道，有白云、蓝天、河流相伴，还有麦浪稻海、蚕豆棉花。所有的这一切，今天已成为我的梦乡，那种原生态的景象和生活在现实中已经消失。

2011 年 10 月 11 日

学校是美的

又到杨林河

　　我曾在那个夕阳下的树林处，居住了近三年，昨天我又去了那里。下个月，那个地方将被开挖成河。有一条河蜿蜒而来，又蜿蜒而去，流过岳王镇，再向东流几里，是一个偏僻的地方，当年办了窑厂。这条河叫杨林河，当地人叫杨林塘。我们插队落户的那个杨林西岸，叫新建知青点。对那儿的牵挂，随着年龄的增长，可以说是与日俱增。十八岁至二十一岁，是一个风华正茂的年龄。每个人只有一次的青春，我就献给那儿了。说来令人吃惊，离开三十年以后，才重返那里。但有了第一次，很快也就有了第二次、第三次……每一次，都有感受。随我一起去的朋友，常常想不通，这么一个破败的地方，前不着村，后不着店，孤零零的几排老屋，也不见一个人，我竟一而再、再而三地要回去。

　　我回去，是要看看那条杨林河。虽然，那已不是三十多年前那条杨林河了。知青点还没有安置在那儿的时候，杨林河是寂寞的，由于我们的到来，一度喧闹了起来。那时，我们几十个从苏州去的知青，单纯，单纯到几乎无知；鲁莽，鲁莽到几乎粗野。一下子离开父母，从城里来到原野，就在那儿安身，是何等新奇与苦闷，何等的自由与孤独。那个杨林河西岸，就这样成了我们组成的一个荒野里的"集市"。

　　知识青年上山下乡，是中国社会发展史上的独特事件。我下乡时已经到了后期了，既不同于早期的"插队"，那是知青直接下到生产队，在生产队里自立门户，融化在农民之中；也不同于下到农场、建设兵团，那虽然也是务农，但自成体系。我们的下乡，介于这两者之间，户口是下到生产队的，每年要参加生产队的口粮分配、收入分配，属于生产队的一分子，但平时在知青点上做工。开始是在杨林河对岸的窑厂，后来，知青点上办了一间加工场，我们便又在工场务工。但农忙季节还是必须回到生产队的。我的户口下在红星生产队，在知青点的西北方向，一年难得去几次。我的生产队是比较富裕的生产队，我每年的收入会比其他知青多，虽然平时我们在一起一样劳动，获得相同的"工分"，可"工分"返回到生产队，每个"工分"值就出现差异了。因为在这个生产队一个工分值可能是一角钱，在另一个生产队可能只有五分钱。

苏州的知青点，是城乡合作的产物。当年，市里的每个区、局所属的职工子女中学毕业以后，都要参与下乡务农。我父亲从镇江火车站退休后回到苏州，其子女就属当地管理，我就成了沧浪区的子女。那年沧浪区在太仓协助建立了岳王、牌楼、茜泾三个知青点，那三个知青点就像三个弟兄，知青们往来，似在走亲戚。我们的工场是由苏州沧浪区给予支持办起来的，成了以后风起云涌的乡镇企业的先导。二十世纪八十年代，几乎所有知青都返城了，知青点却留下了，不断发生着变化，曾成为火红的队办企业。我们居住的房屋，也成为车间。昨天，我再去的时候正是傍晚，夕阳挂在天边，周遭一片血红，远远望去，我们那个旧址，就在那血红的晚霞下，一圈老围墙，凄婉得让我惊讶。

岳王镇，当地人称岳王市，称呼为市，也只不过是两条小街，一条东街，一条西街，都是窄窄的巷子，当年那可是当地最热闹的街市了。东街的最东头是粮库，是全公社最高大、最气派的房子。每年我们交完公粮以后，走在东街上，舒畅地摔膀子。走完东街，进入西街，那里比东街繁华，街两边是店铺，买一点烟酒小吃，是很奢侈的事情。有一次，我竟用五元钱，请了路遇的几个其他知青点的知青吃了一顿午餐，此举一度被称为"侠举"：那个时

学校是美的

候，我每个月的生活费是五元钱，我把一个月的生活费请了客，不是"侠举"是什么？被我请了的知青，其中一个，后来成了我的夫人。

现在，走在东街、西街，无论是氛围还是我内心的感觉，都是凄冷与寂寞的。这个小房子，当年是极普通的街舍，曾经住过的人都走了，有的走入城市，有的离开人世。多熟悉的天井、多熟悉的门窗门框，曾经的日常生活，如今楼去人空，野草野花萋萋，竟成为别人的风景。时光一瞬，转眼就是三十多年，我走的时候，那个早晨升起的太阳，还没有到达中天，现在这颗太阳的余晖，却正照在斑驳的墙上。

走出老街，沿着杨林河，我又到了我曾生活了三年的知青点。那一年，也是沿着杨林河，我父亲母亲把我送到这里。他们是随敲锣打鼓的汽车，把我送到这里的。上午从苏州出发，中午到达，汽车开得慢，要三四个小时。吃过午饭，父母走了，我独自留下。现在回想起，才能体会到父母当时的心境。父亲几乎是半月、一月就会给我写一封信，笔精墨妙的楷书，饱满而有力。现在，满满地扎成一捆，我还藏着。对我来说，那是亲情与历史的记忆。

从窑厂到知青点，有一座桥，那时我们是天天必走的。夕阳的余晖中，我再一次走了上去。依着栏杆，相望不远处的知青点，感慨不尽。尽管早已面目全非，居住的房子有的已被拆除了，不过我还分辨得出，这堵墙，那堵墙，曾是我居住的墙。要不了多久，连这些都要没有了。桥下油菜花开放的地方，当年是一片竹林，如今竹林也没有了，让人沮丧。我曾无数次站在桥上，看河水从远处流来，又向远处流去。曾经多少次，在杨林河中洗澡、游泳。当时河里船很多，船舷就是我们的跳水台。

我的记忆是知青的记忆，是那个特定时代的知青留在大地上仅有的记忆。知青是特殊时代的特殊产物，前无古人，后无来者。城里几乎家家户户都有知青，农村队队村村有知青，把原先城乡相互封闭的格局打破了。知青生存状况，更具有历史意义。他们在农村的生存方式与道德操守，更多方面冲击着农村大地。为何建立知青点？除了借助城里的力量，改善知青的生存状态之外，还有便于管理知青的目的。当地的农民既喜好接近我们，也想远离我们。田里少了蔬菜，家里少了鸡鸭，往往都认定是知青干的。事实上，绝大多数也的确是知青干的。农民们对此，一般都给予极大的宽容，有的说都不会说，有的走过知青点虽会骂骂咧咧，但也是一骂而过。我坚信要不了多久，我们的后辈，珍藏知青的遗迹，会如同保护远古人类画在山崖上的图腾，从中获得特殊历史的真实的影子。

这次，我又来杨林河，是来太仓参加"三月三诗会"的。据说，杨林河下月就要开始进行拓宽两岸与深挖河床工程了。机缘何等难得！与"三月三诗会"，也是有因缘的。"三月三诗会"开始于三百多年前的明朝，那一年，是1633年，首开虎丘大会，从江南，乃至全国各地来了一千多诗人。诗会由张溥发起，张溥是复社领袖，太仓人。历史悠悠，"三月三诗会"也不知何时消失了。直至八年前，一帮江南的诗人，再续三月三虎丘诗会，诗会地点每年换一个地方，在江南轮转，今年到了太仓。每年的诗会，都要纪念一位历史上的诗人，今年纪念的是吴梅村。吴梅村是张溥的学生，也是太仓人。历史是何等有意思，张溥开启了"三月三"，三百七十二年以后，后人在太仓又以"三月三"的名义，纪念张溥的学生吴梅村。吴梅村是明末清初的一位顶尖诗人，他的《圆圆曲》是可以与《长恨歌》《琵琶行》相提并论的作品。在今年的诗会上，我做了发言，在故土参加诗会，故土参加纪念我视为故乡先辈诗人的诗会对我来说，意义是不一样的。我说，与其说纪念吴梅村，不如说我们在纪念我们自己曾经的过去。

我们该如何对待历史的记忆和文化的记忆呢？吴梅村是文化的记忆，是诗与明末清初的社会记忆。我们现在需要重视它，保护它，而现代农村大地上许多有着历史记忆的社会现象，也都需要重视与保护。那个岳王市的东街、西街，也是文化，也不能就这样不明不白地消失。同样，现代的知青以及知青点，更是历史的记忆。民国的建筑与遗物，早已成为珍宝了，知青点的建筑与遗物，何尝不是呢？难道仅仅是属于人的个体的记忆吗？不是这样的，

学校是美的

如同今天的杨林河已没有多少属于我们过去的东西，但是，当眼前的夕阳落下地平线，当两岸我不熟悉的风景开始静静地融入黑夜，这个时候，杨林河却突然真实地回来了：还是这条河，三十多年以后还是真实的，那曾是我生活中的真实，真实的生命中的流水，它还在向原有的方向，不知疲倦地流去。

2013 年 4 月 12 日

孤独是美，崇高是美，与山水一起起舞是美，夕阳一点点西下是美，激起湖水涟漪是美。

又回毛家市

　　两年前，我曾写过一篇文章《毛家市》。我写的毛家市，只是写我曾在毛家市的一段生活，那是 1980 年 5 月至 1985 年 8 月；我写毛家市，只是因为我所在的新毛中学在那里，写曾与我息息相关的那里的一群人；我写毛家市，是因为我怀念它，不想在它消失以后，后人忘记了它。对我来说，那是一个梦，是在我二十三岁至二十八岁之间做的一个梦。离开它将近三十年了，中间虽然回去过几次，但是，相隔一段时间以后，还想回去，心里总是有一分牵挂。

　　前几天，我又回毛家市了。以前曾回去过几次，均是心血来潮，驰车而往，看看老街，看看老房子，在其中徜徉片刻，有时见到熟人，有时见不到熟人，都不刻意。这次不同，是相约而来。

　　一个月之前，金老师打电话给我，说联系到戈老师了（戈老师是新毛老人，一辈子都在那里，是新毛中学的教导主任，为人异常的好，一辈子心平气和）。他得悉，新毛的老师，有十几个人每月都要相聚。金老师问我：要不要我们也去一下？经过一番张罗，终于相约而至了。毛家市离苏州并不远，为何要等上三十年才会相聚重逢？三十年，那是一段旅程，许多人走着走着就改变了自己，但是，当他站定脚跟，回望的一瞬间，会唏嘘不已。这天，我们都是这样的人。

　　能见到我所期待见到的人，其实并不容易。我想见两个语文老师：一个

　　　　　　　　　　　　　　　　　　　　　　学校是美的

周老师，就是得意起来会蹲在椅子上，哼着小调备课的教研组长，聚会时才知道，他早在七八年前就去世了；另一个张老师，常熟人，与妻子一起，带着一双儿女，与我们这些外地单身教师一同住在校园里，为人耿直又固执。他对这个世界、这个社会，乃至身边发生的一切，都有自己的看法。聚会时才知道，十多年前，患了高血压，但不相信医院，也不相信吃药，六十岁那年的一个早晨，起床，站起来，又倒下去——他中风了，躺在床上十几年，去年也已去世。我不相信他俩已不在人世，总感觉他们因为种种缘故，留在家里而没能来参加我们的聚会。

健在的人，也都改变了容颜。如今相遇，大家都是七十多岁、八十多岁的老人了。相见，互相相认，然后，坐下来，又无语。最遗憾的是，有些人，人健在，却寻找种种理由，不愿意出来。陈老师，1966届苏州中学高中毕业生，才子，也是教语文的，与我特别投缘，家就在毛家市，娶妻生子后与父母住在一起。为人热情，性格开朗，有见识，又敢表达。星期日，如我没有返苏回家，常会应邀去他家。他家是老街上的一处老宅，他家后门出去，是一条小河，河水清澈，青草萋萋，我们常坐在那儿闲聊。新毛中学处在小镇边缘，开门就是田野，节假日就是一个孤独的地方。陈老师知道我没有回苏州，一个人在学校，就会来看我，一坐就是几个小时，坐在办公室里，或坐在宿舍里，谈谈课本，谈谈学校，谈谈小镇上的奇闻轶事。我调离新毛中学后不久，陈老师当了校长，一个博学、根基扎实的校长，是很有作为的。过了一段时间，教育行政部门要调他去另一个乡镇中学，陈老师的母亲得悉后，坚决不同意儿子离家赴任。他从校长位置上跌落了下来，心境越来越糟。后来，他主动要求去陕西榆林参加支教。那时，我正在苏州市教育局工作，我曾随局长专程去看望过他。他在榆林见到我，格外的高兴。后来，我投身于碌碌无为之中，竟与他很少联系。七八年前，他退休了，还来苏州某学校代过一阵子课。这次我很想见他，他是一个很有情谊的人，可是大家对我说，怎么邀请他都不愿意出来。我拨通了电话，又恳请他，他还是一味推脱。还是那个声音，还是那个腔调，就是无论如何都不肯出门了，宁愿寂寞、孤独地守着自己的家。一个豁达的人，由于人生与家庭的种种变故，竟换了一个人似的。

此刻，是让人怀想的场合。坐在一边的范老师，是我恭敬的人。他不教书，是学校的会计，我们习惯叫他范老师。学校小，也没有总务处，范老师还兼着总务的一些工作，比如那些小件办公用品，就由他负责购买。我家在苏州，老想着回去，平时往返，车费也是一笔不小的开支。找个理由，范老师每年都会让我去报销几次，让我在苏州带一些物品回来，就算出差。此事虽然小，但三十年来我却时时记着。这次，一到毛家市，我就打听他的近况。范老师来了，老态但不龙钟。见了我，与我握手，然后就坐在一边，话不多，他说到孙子的小孩，正在苏州中学读书，脸上呈现一丝骄傲之色。他那个孙子我见过，当年七八岁的样子，经常跟着范老师来学校，见人怯怯的，如今那怯怯的小孩的儿子都是高中生了。见到范老师，表达我这么多年来记着的感恩之情，是我的愿望。可最后竟一句感激的话都没说，因为我突然感到，记在心里的那个感觉，比用任何语言表达出来都好。

时间能改变许多东西，但是，时间并不能改变一切。那个大嗓门的章老师来了，不见其人，先闻其声，还是那个样子，六十多岁了，敏捷不减当年。章老师家在农村，是一个土生土长的物理老师。他本身学问不是很高，但是，学生的考试成绩总不差。从他嗓门里喊出来的声音，有节奏，高低起伏，而且起伏的声音，又是随着他的眼光视线而移动的，像一条鞭子，哪个同学开小差，这根鞭子，就抛向哪里。有一次，他大着嗓门讲课，嘴张得大大的，一只苍蝇飞进来，竟然一直飞进他的嘴里，被他咽进了喉咙里，同学想笑又不敢，而章老师全然不顾，仍扯着嗓子讲他的物理抛物线。

时间能捉弄一个人，时间也能原谅一个人。聚会上，大家都不时会提到一个人，他已去世。对死去的人，我们应该有宽恕的心。这个老师很狂热，比如，大热天汗流浃背，他会光着身体，但有一只小红挎包是不离身的，里面装着老人家的语录红宝书，斜挎在身上，尽管汗能沿着背带流下来，但他仍置之不顾。他上代家里有田有地，但是，他表达出来，却不是这个样子，上台忆苦思甜，能痛哭得流涕，说自己出身如何贫贱，祖祖辈辈流浪要饭。他擅长打小报告，写黑材料，阴一套阳一套，大家对他恨得咬牙切齿——此刻，都已释然。

河水依旧，草木依旧，但物是人非。

新毛中学早几年被撤销了，我们这些曾经是新毛中学老师的人，已失去了自己的"故土"。聚会安排在生态园，田野已像花园，田地里不种庄稼搞绿化。吃罢午饭，告辞，又是握手，又是挥手。我们几个从苏州来的人，还执意想去中学原址看一看，笑侃说是去"寻魂"。当年的几排平房，现在换了楼房。我们曾经住过的草屋，也都无影无踪。前几年乡镇撤并，新毛乡并给了城厢镇，而新毛中学旧址，又成了城厢镇机关所在地。我们绕来绕去，来到河边，学校北面的这条河还在，河水依旧，草木依旧，但物是人非。站在小桥上，我们比划怀想当年工作、生活的场景。唉，据说再过几年，这里又要拆迁，那时假如我们再来，或许连这些能提供给我们比划、怀想的痕迹都没有了。新毛中学从开门到关门，也有五十年历史。开始是"农业中学"，几个农村知识青年在这里办学，后来城里的下乡干部、下乡知识青年加入进来，这里成为一所普通初中，还下伸几个教学点于大队（村），以后又被扩建为一所普通高中。没几年，高中撤并，再没几年，下伸的初中教学点撤并，再以后，新毛中学所有的一切都撤并了。

几乎是一场梦。汽车往回行驶了，开到毛家市，我们下车，再看一看当年的农村集市。这天，天气异常炎热，天气预报是三十九度，实际上，特别是走在阳光下，一定大大超过四十度。这次我们从苏州来了四个人：一个毛老师，六十五岁，曾与我共住一间茅屋的人。一个金老师，八十岁，二十多岁来新毛，四十多岁离开，二十多年就住在这里。一个周老师，六十七岁，1965年十八岁高中毕业，下乡来到新毛，三十七岁离开，十多年也住在这里。她教外语，我们曾在一个办公室。夫妻分居两地，先生在东山，她在新毛，家却安在苏州。这两个外地老师能住在市镇，都是我们住校老师羡慕的。我曾去小坐过，简陋、狭小，东边的一家讲话，住在西边的人家，尽管中间还隔着几户，都能听见。三十多年过去了，如今走进小街，小街已经破落不堪，他们寻找当年曾经住过的寓所，房子已经拆了。这么炎热的天，我几乎昏眩，赶紧站立在阴凉之处。可是这两个人，却由毛老师陪着，兴致甚高，东走走，西看看，一步一回头。

2013 年 7 月 13 日

学校是美的

曾经的曾赵园

　　有时我们轻易离别，并不知道离别的分量之重。很多年前，我曾在曾赵园读书。一个早晨，天气清爽，我们背起行李，走了出去，那时，青春年少，只顾朝前走去，并不会想到再见到它的时候，已过三十又五年。

　　我是1978年春天踏进这个园子的。那时这里叫苏州地区师范。1977年恢复高考，积压了十届的中学生（含初、高中），突然都能"赶考"了，一下子蜂拥而出。可是那年招生指标极其有限，开榜之日，大批的考生名落孙山。而我，既是落榜生，又不是落榜生——扩招生。我竟被录取了，录取学校为江苏师范学院，录取的专业是苏州地区师资专科班，后面还有一个括弧，写着"文科"两字。无疑，我是欣喜的——能够离开农村，去上大学，至于什么学校、什么专业，并不重要。被江苏师院录取（以后毕业证书盖的大印也是江苏师院，从没有见到过院长张乃康其人，毕业证书却盖着他的签名章），却与江苏师院无关，因为报到是在地区（当时苏州市与苏州地区是两个行政区辖单位，苏州市只管辖苏州市区，苏州地区管辖吴县、常熟、昆山、太仓、张家港、吴江、江阴与无锡八个县），我进了戴帽子"高校"。

　　我最初的欣喜，没多久，就被"失落"取代了。

　　这是一所怎样的学校啊！它在常熟城里的小巷深处，规模还不如我曾读过的中学。所谓文科楼，就是一幢楼，三层还是四层，我已记不太清楚了，因为我们的教室是在底楼，二楼以上我从没有上去过。称其为大楼其实也不贴切，因为每层只有四个教室，是那种放在现在江南任何重点高中校园都会被拆除的房子。我们就在这样的大楼与这样的教室里，读了两年书。

那是一段十分有趣的日子，我的同学绝大多数比我大，不是大一点点，而是大很多。当年我二十一岁入校，最大的同学要比我大十五岁，他们都是老三届学生，许多都成了婚，有的小孩都上中学了。我们的班长、副班长入校之前，早已是当地中学的校长。像我这般年龄的只有几个人，最小的那一位，与他的中学老师一同坐到了我们教室。同学们个个厉害、博学，又见过世面。我们中有作家，且早已出了名；有理论家，文章已在类似《红旗》那样的刊物发表。我的同桌就是研究明清史的，只要你随便说出一个人、一件事，他都会头头是道地对你讲个明白。他从不听老师讲的课，偶尔抬起头，则是因为课堂上爆发的笑声惊醒了他，那时他才会跟着笑两声。我班还有一个日本通，生在日本，父母吃够了苦头，对他只有一个要求，什么都可以学，与日本有关的都不能学。可他偏偏喜欢日文，整天叽里呱啦读日语。在我的印象中，同学们几乎都有奇招。教我们的几个年轻老师真难，大学生小老师，即使做了充分的备课，往往开口讲的，我的那些同学几乎全知道，什么古今中外，什么名家名篇，他们往往比老师还能说得出一个所以然来。

这些人既然这么有水平，怎么才考到这么一个名不见经传的学校？我很纳闷。后来才知道，他们（也包括我）都有些家庭或社会关系问题。刚刚拨乱反正，免不了还会受极"左"思想的影响。不过，毕竟改革开放了，当政者看到这批考生还是不错的人才，就想尽办法，通过"戴帽子"，把我们扩招进了中师。我们有些尴尬，有一段时间，别人问我是哪里毕业的？我支支吾吾总说不清，因为说是江苏师院毕业，毕业证书是这样写着，可我们一天也没有踏进过校门；说是苏州地区师范毕业的，在我们的档案里又找不到可以证明的任何资料，然而又确实天天在那读书。不久，苏州地区师范上升为常熟师专，说我们是常熟师专毕业的，我们毕业之时，还不知道它在哪里。我是我们公社第一个通过高考离开农村的知青，当年没有考上的人，第二年再考，有的进了浙江大学，有的进了南京大学。为何我要急匆匆地离开呢？为何不再等一等呢？

多年来，我写怀旧文章，唯独这里没有涉及。最近几年，我的想法有了很大的改变。前几年我去过常熟师专，一次是参加"三月三诗会"，其中一个活动就是诗人与常熟师专的学生见面，是在异地新建的校园。我也去了，走在旷达的校园，一切都是新的美丽；还有一次是参加师专举办的"长江以南"诗丛研讨会，有幸，我是诗作者之一。走在湖光山影掩映的校园，一切更是富有诗意。不过，我没有感觉，心里并不认同它。我认同的母校，还是那个翁府前的校园，虽然狭小、简陋，但那是我心中的念想。

那个我念想的校园，现在又恢复叫"曾赵园"。所谓"曾赵园"，其实是两个园子，一个曾园，在东；一个赵园，在西。曾园曾是《孽海花》作者曾朴的家；赵园曾是中国实业之父、中国商父盛怀宣的家。两园紧挨着，作为校园的时候，就合二为一了。那时许多景观已毁，只存一个格局。我们入学，一切都仓促。

我们的宿舍就在教室楼北面几米的地方，两层楼，每层楼有四个教室，我们班的三十多位男生，都被安排在同一间教室。双层铁床，竖着、横着，空间都被挤满。晚上一个人说话，人人都会听到。老三届、串联、"文攻武卫"、上山、下乡，什么都经历过，什么苦都吃过，什么快乐也都体验过。在那个环境里听到和学到的知识，比课堂上还要多。那个寝室，是我最早进入的"百家讲堂"。

走过宿舍，朝北走上百来米，就是食堂。简陋的平房，餐厅放着百来张桌子，木制的方桌，比标准的八仙桌要小。没有一张凳子，也没有一张椅子。读师范时还有津贴，津贴是发的饭菜票。吃饭时，每人一只搪瓷饭盆，八个人一组，来到规定好的桌子前。

食堂与教室之间，还有一个池塘，只有九曲回廊。春天嫩绿的荷叶铺展在水面，被阳光照着，反射着柔柔的光泽。夏天的荷花含苞欲放的、盛开的，都展露着诱人的美。一种是稚嫩的美，另一种是成熟的美。秋天的荷池中叶与花都枯萎了，那些残梗败叶，虽然苍凉，也会让人生出无限感慨。池子最西头，贴着水面，有一回廊，廊上有一间又一间的琴房。艺术科的女生多，早晨、傍晚都会到琴房练琴。舒缓的、柔美的琴声传到水上，再加上朝霞或晚霞的照耀，让人身心荡漾。晚自修时坐在教室里，寂静中也能闻到此声。因为女生们也要晚自修，她们晚自修往往就是练琴。我班有一位男生，他就喜欢晚自修以后，一个人留在教室里，大声朗诵《离骚》，开始是朗诵，后来就是背诵。每天总有女生在我们晚自修结束以后，还在弹琴，而他就喜欢在这样的氛围中用功……

　　我回来了，可是当年我们留在那儿的痕迹都没有了。按照方位找到的那个地方，大门朝南，需要买门票入内。于门口张望一阵，却不敢进入。当年的校门是朝北的，如今怎么朝南了呢？沿着围墙走去，怯怯地问询：当年苏州地区师范的大门在哪儿？得到指点，朝北又转了几个圈子，终于到了那个我们曾天天进出的地方。可是，门呢？门的影子呢？只有高高的围墙挡在我的路上。再从原路折回，进入园内。假山池塘、花木扶疏，站在园内，回想当年这里的情形：这片水，是当年宿舍所在地？这条长廊，是当年教学楼所在地？我竭力把当年的楼宇房舍从记忆深处搬出来，搬到眼前的这个园子里。园子变了，恢复了古园林的旧貌。那我们的旧貌——我们在此读书时的旧貌，也是历史——特定的历史，对未来来说，或许也是珍贵的遗迹，会不会也被恢复呢？

　　虽然园子里的一切都变了，可抬起头朝北望去，那虞山还在，在变化中还有不变的东西。当年，我们每天早晨五点起床，洗漱完毕，五点半开始爬山，不走山道，从无路的岩石、树林之中攀越而上，直登山顶。辛峰亭是我们的终点，也是休息之处。于那里遥望东方，常常是霞光满天。很可惜，这样的光景只有两年。说到虞山，还不能忘了尚湖。我们读书之时，正是围湖造田之际，学校的小农场就在湖底。我们曾经去那儿学农。我还记得，农场正对虞山剑门，石破天惊，一道石罅从地裂到天。我们曾越过湖底田野来到剑门下，沿着陡峭的山崖，徒手攀越而上，如今尚湖碧波荡漾，可谁还记得起当年湖底的往事？

　　有一件事一直在我心底：有一晚大家都睡了，半夜我突然被惊醒。缘由是一个同学开门去小解，走到墙角，蓦地看见河边有两个影子，一男生一女生，并排坐着。那是深秋季节，深夜的寒风几乎已经刺骨，可是那两个人如两尊石雕。一个惊吓，然后是惊异，然后是惊喜，那同学小解都忘了，跑了回来。两个苦难的同学，进校之前都有一段伤心史。从那夜开始，走到了一起。由于这一步，几乎放弃了世俗的幸福，共同演绎了一般人无法演绎的，而且延续一生的悲喜剧。他们的故事，是无法言说的，因为最深的情感常常是无法言说的。能说出来的往事，往往都不是最隐秘、最动人的叙事，包括这个园子，今天的曾赵园——曾经的校园与曾经的人。

2013 年 11 月 1 日

五班的学生是我一生的财富

　　很早就想写一篇我第一次当班主任时带的那一批学生。从我当他们的班主任至今，恰是三十年。在教他们之前，虽然已经做了五年的老师，但是，不当班主任的老师似乎不是真正的老师。当老师的乐趣、满足、幸福，只有当了班主任以后，才会有真正的体验。这样的乐趣、满足、幸福，当然是酸甜苦辣俱全的感受。班主任对学生的感情，与父母对孩子的感情是一样的，或许只是更多了一份理智或理性而已。父母对孩子的爱，一定是恨、遗憾、失落交织在一起，班主任对学生何尝不是？自从做了他们这个班——苏州市彩香中学1985级五班的班主任之后，我才感觉到自己真正开始做老师。

　　我到彩香中学，是它开办的第二年。一切都是新的，一切也都是刚刚开始。那个地方如今已属于市区，繁华而喧闹，可当时还满目都是农田。当年他们十四岁，我二十八岁。可以说，我与他们都是在做着一件"开创"学校的工作。那时我年轻，当班主任没有经验，也没有负担、包袱。我们一起搞活动，周日走出校园，去社会上改错别字，特别是在闹市的店铺的招牌上寻找。我们与名人通信，学生与农民企业家、抗越自卫反击战英雄、驻苏部队首长等成为信友。有一次，搞烧饭烧菜活动，每一个同学烧一个菜。从家里带煤炉、煤球，带锅子、勺子，带酱油、盐、醋、糖，体验家务活。轮流做班长，每人两周，人人有锻炼的机会；竞聘当班长，选票说了算，考验群众基础。这些案例，被整合之后，参加了当年团中央举行的全国"创造杯"活动，五班的同学三年开创了奇迹，获得了两个一等奖（最高奖，没有特等奖与特别奖），在苏州史无前例。江苏的共青团省委为此，还来彩香中学召开了现场会。

那时的状态，决定了他们以后一生的状态。调皮的年龄，不能不让他们调皮。我是他们的班主任，他们怕我，这只是表面。在我面前，他们会一个个坐得端端正正，我一回过头，他们或许就会个个装鬼脸做怪样，我再回过头，又会个个迅速坐端正，一脸严肃。有一次放学前，我到教室去做当天总结。门虚掩着，我一推门，一把笤帚掉下来，差一点落在我脸上。学生刚想哈哈大笑，一看我的脸色不对，一个个又憋住，端正地，想笑又不敢笑地坐着。这件事，一直没有查出来是谁做的。许多年过去了，师生聚会，我问他们到底是谁做的？结果总是引来一阵哈哈大笑。

我做他们班主任的时候，女儿只有一岁。她妈妈三班倒，女儿自然归我接送托儿所（后来到了幼儿园）。学校没有托儿所，附近的一家工厂有，是与学校共建的单位，我就把女儿送到那儿。我七点多一点要到班里的，托儿所要七点半才开门，我把她放到托儿所的门口，让她一个人玩一会儿，等候保姆阿姨、老师来。我要赶到教室里，早自修是要认真读书的，主要是读语文与外语，我上两个班的语文，课务自然就比较重。语文课代表是许海芳，人长得小，却机灵，又是变声期，说话似乎有点"刁"，可领读起课文来，清爽干脆，像个小老师，看见谁不在读书，会走上去，学着我的样子，用书敲敲桌子，以示警告。毕业以后，我只见过她一两次，还是她大学刚毕业那年，被分配到上海某医院之前。后来听说她出国了，前几年，我突然收到她的邮件，她说，在一家研究机构工作，工作之余在社区一家中文补习学校做义工，帮助那些从中国去的移民子女学汉语。她还说，还像当年在早自习的课堂上领读课文。许海芳是五班的同学中的一个典型，是一个会读书、又会玩的人，认真又顽皮。前几天长假，五班的同学与我结伴出游，大大小小二十七个人。出门在外，个个家属都在，又不用开车，喝酒自然放得开。喝，我也与他们大口大口地喝。酒酣之后，我不忘追问当年到底是谁在门前放一把笤帚的。这次，我成功了。他们异口同声地说："许海芳！"这次，我却哈哈大笑："许海芳？反正她在国外，一时也无法当面核对"。

学生就像儿女，那是终生的财富。我从做他们老师起的三十年来，始终与他们保持着联系。联系得最多的是钱斌、顾雯晴、庄萌、顾梅芳、钱瑛、潘立勇等人，过年过节他们都会来看望我，甚至，当年有了女朋友，或男朋友，都会来告诉我，有的还带来与我看。我过生日，他们会聚在一起，找馆子祝贺我。去年农历二十九，即小除夕，十多个学生把我一家请出来吃年夜饭。家长问他们："怎么小年夜还要出去？"听说是与老师一起过年的时候，都赶紧说："去吧，去吧。"我听到这些细节的时候，十分感动。这些家长都是当年我经常见面的，我现在都能想起当年他们找我，与我谈孩子学习的情形。中考前的两三天，学生们都在家里自由复习了。在家里状态如何？他们都在干吗？都好吗？我几乎每一家都去了，那是我的最后一次家访，但许多也许是我的第一次家访。学生基本上都是附近彩香新村的，那时择校还没有现在这么厉害。我去看望他们也方便，读普高也没有现在这么热。对许多优秀的学生，我都鼓励他们读了中专、技校，钱斌就是这样。他是宣传委员，班级里的黑板报都是他负责的，从不要我牵挂，我正想要提醒他要出一期什么内容的板报时，还没有来得及提醒，黑板报就会如我希望的或超出我希望的出栏了。他现在在很重要的岗位上，从事很重要的工作，他的优秀，从读书的时刻就开始了。

可以说，学生就是老师的一部分。当年，我做班主任，事多，他们会帮着我做事情，自己管自己是帮我做事，帮着我管理同学是帮我做事。他们还常帮着我去领女儿，托儿所（幼儿园）放学了，他们会赶紧跑到学校边上去把她抱回来。按照现在的教师规范是不允许的，按照现在的社会风尚，家长，包括老师自己是不会让学生去接小孩的。可那个时候，那个学校如家庭一样，如今只要一想起，心里就有暖意。现在，我女儿也已经长大成人了，她与我的学生早已以师兄妹、师姐妹相称，有事情不找我，就请他们帮忙。当年的学生，早超过当年我教他们时的年龄，他们的小孩有正在读幼儿园的、小学的、初中的、高中的，读中学的自然又开始成了我的学生。我早已调离了彩香中学，到苏州十中也已十多年了。胡志勇、袁丽芬彩香中学毕业后考取了十中，我也曾是十中的学生，我们又成了校友。我后来成为了十中的老师，我与彩香五班学生的一些子女，倒也成了校友加师生的关系。我与他们之间的关系错综复杂。

老师对学生也会有愧疚，那往往是一生的愧疚。姚松毕业之后，有好长一段时间没有音讯。五六年前，他突然出现了，本来就瘦小，二十多年不见，仍旧是瘦削，只是更细长了。他已经是两个孩子的父亲，妻子去了美国读书，他一个人既当爸又当妈的，有一段时间母亲身体不好，久治成效不大，他开始吃素。见面不久，他给我发来邮件，一口一个恩师。他说，这些年未有成就，也就不敢见恩师。不过，他说他喜欢收集北洋时期的债券，特别是铁路债券，视野放到了国内外，花了一些钱，得到了一些原物、原件。他希望能对学生的爱国主义教育有点作用，希望到十中来展览。我以为他是乱说，没有在意，也没有立即回复。一晃，又是一两年过去，再见面的时候，我听他慢条斯理地娓娓道来，我感觉到我错了，他是一个用心的人，他手上有珍贵的文物，而且愿意以此无偿地为学校教育服务。他一口一个恩师，叫得我很不好意思，他从不改口。可我对他总感到内疚，内疚中我对他怀有敬意。

对顾雯晴，同样我也有内疚之心。两年前他小孩读初二，为了一点小孩读书的事（无非是小孩读书不认真、不刻苦），老师把他叫去，要家长重视。顾雯晴内心焦虑，来找我，求教于我。正赶上我要坐车出去开会，他遇见了我，叫我停一下，还没有向我叙述完，就像当年他在五班教室一样，被我教训了一通。责怪他不懂家庭教育，例举了他几个不是。四十多岁、近一米九零的人，当着我的面，站在校园里，眼泪哗哗地流了出来。今年，他儿子中考，没有达到进十中的分数线，他一心想进来，我最后没有同意。虽然我感觉我是对的，鼓励他儿子去读职业学校，有百利而无一害，不过，我总是感到内疚，这次，他妻儿与我们一起旅游，面对他们一家的时候，我总感觉我做错了什么。

还有庄萌，她是一个活泼的学生，当年是这样，现在还是这样，是一个敢于在我面前没大没小的人。她父亲我也熟悉，我熟悉是因为他经常到学校来。她父亲喜欢女儿，喜欢到学校与老师聊孩子的成长变化。庄萌毕业之后，我曾在路上遇到过她父亲几次，但路上匆匆。二十多天前，庄萌父亲脑溢血突然去世。等我得到消息，已过了吊唁的时间。我曾有一个设想，希望再开一次五班家长会，把老人们聚在一起，再与他们述说子女们的成长。这个建议得到五班同学的一致认可。愿望还没有实现，庄萌的父亲却走了。一拖再拖，竟成遗憾，这样的愧疚，是再也无法弥补的。

学生是上苍恩赐给老师的礼物。无论曾经怎样骂过他们，他们还像子女一样伴随在身边。子女长大了，会婚嫁，一家子的人会越来越多，五班的学生与我也是如此。他们的爱人、家属也都跟着叫我老师。顾雯晴是毕业之后与我走得最近的学生之一，我遇到大事、小事，一个电话打过去，他二话不说，就帮我做好了。慎健是初三的时候转进彩香班的，只做了我一年的学生。但毕业之后经常参与师生相聚。这次师生家庭相聚远行，旅途中聚餐，她拿酒敬我，一大口过后，说了一个故事。她说，我曾叫过她去办公室。她对我坐哪里，怎么说话，表情如何，还都记得一清二楚。她说，她进办公室之后，我交给她一封信，信封已经拆开，是她原来学校的一个男生寄来的。我对她说，一心放在学习上，其他事情不要想得太多。慎健讲这件往事时，是饱含情感的，当时一定有怨恨的情绪，只是现在没有了。我怎么能拆了学生的信呢？男女同学的正常交往，是当鼓励的。慎健被我找谈话之后，找到了这个男生，把他痛骂了一顿。我很惭愧，做老师的对学生的批评一定要慎重，一句不经意的话，却可能会伤害他们很久。慎健很大度，三十年以后，把此事当笑话说出了，对我这个"后妈似的"班主任不计前嫌。

学生更是老师一生的财富，尤其是那些当过班干部的学生，更是如此。老师爱学生，与学生爱老师，都是深入骨髓的那种爱。能做到这样，需要付出，真诚的不求回报的付出，就像父母对自己的孩子那样，不能吝啬，不能虚伪，不能功利。心灵与心灵的相互吸引，是一个漫长的过程，但可以肯定，老师特别是班主任在每一个细节上对学生的吸引，一定是这个过程最美好、最美妙的开始。我有一种体会，在为人父之后，才真正理解父母对孩子的用心与苦心。同样，当了班主任以后，也才真正感受到做老师的责任、义务与荣辱。孩子们一旦成了自己的学生，特别是做了班主任的学生以后，他们对老师的感情，绝不会因为毕业而中断，而是从粗犷到细腻，如成年老酒，经年弥醇。彩香中学 1985 级五班的同学就是这样。

2014 年 10 月 7 日

沿着岁月留下的路，相会在如烟的昨天。

最初的遥远

有些事情说不清楚，很偶然，随便翻书，看到史铁生的一篇散文《八子》，很是惊讶。我用八子作笔名，竟与史铁生的笔下人物，即他童年时的小伙伴相撞。史铁生是我敬仰的散文家，我曾在他去世以后，按想象中他在地坛坐在轮椅上行走的线路，行走了一遍。我在一棵树下坐下，想象史铁生当年曾在那里冥想。坐下之时，阳光灿烂，闭上眼睛，当再一次睁开，乌云密布，大雨如注。为此，我曾写下诗文——《那是一个谜》。史铁生笔下的八子，是一个"强大"的人，只因穿了一条她姐姐（七子）穿剩下的碎花裤子，而被他的对手K（邪恶的化身）打败，八子之所以输，是输在心理上。在史铁生那儿，我见到了自己，我也是家里第八个小孩，我也穿过兄姐穿剩下来的衣服。只不过一个"八子"穿的是碎花裤，而另一个"八子"穿的是碎洞裤。

那天，我还在我侄女的微信圈里见到了一组照片，青海茶卡盐湖的照片：血红的夕阳下，盐湖上凄美的景色，凄美得几乎让人心痛。我生于江南，长于江南，可在江南的柔情中我有对北方粗犷的向往。虽然，我至今还没有去过茶卡，但那是我的第一个遥远的梦。我大哥五十多年前，支援边疆去了那儿，在那遥远的小镇上生儿育女。当年，每次看到父亲写信，坐在桌子上，一笔一画，在信封上写上茶卡两个字，我心里都很空落，想象那苍凉的小镇。每次收到我大哥的回信，我都会感觉那是从天边的来信。大哥的字潇洒自如。父亲的每一个字都写得规规矩矩，都写在框架里。而大哥的字，每一个字都在舞蹈。那时，在我的潜意识里，我感觉到父亲是现实，大哥是梦想。

我的童年经历，类似史铁生笔下的"八子"。大哥是我出生那年去青海的，一去就是八年，八年以后才第一次回家。第一次回家，带回了一部相机。他给我们拍照，那年我已经八岁，留下了我们四个兄弟的第一张合影（我还有四个姐姐）。我穿着臃肿的棉袄棉裤，傻傻地站在那儿，裤子上一个不大不小的破洞，估计是当天划破的，母亲还没有来得及缝补。背景是山，我家就在山脚下，开出窗来，山上的树枝树叶，伸出手就能抓得住。冬天的萧瑟的景象笼罩在画面里，不过四个兄弟站在那儿，却透露出温情。

史铁生在《八子》中写道："童年的伙伴，最让我不能忘怀的是八子"，"八子穿的还是他姐姐穿剩下的那条碎花裤子"。在史铁生笔下，"我"的童年中的难忘、美好，都与八子有关。"我有了一毛钱，请八子看一场学生优惠专场电影，为甩掉九儿、石头（十子），如打游击与敌人周旋一般，而终于没能看成，却用这一毛钱去吃了一盘灌肠"，"我们俩人吃，面对面，鼻子几乎碰着鼻子。八子脸上又是愧然的笑了，笑得毫无杂质"，"那灌肠真是香啊，人一生很少有机会吃到那么香的东西"。我没有这么荣幸，我不记得我童年有过一毛钱，奢侈到能邀请最好的小伙伴去看一场电影，甚至都不知道世界上有电影院。我更没有这么荣幸吃过"灌肠"，我只知道最好的小吃是大饼。

八子童年的时代，是心酸的时代，无论是"八子"还是"我"，但心酸之中有"暖意"。一毛钱只够两个人看一场学生免费电影，可是两个弟妹紧紧跟随着，如何既要甩掉他俩，又要保证他俩的安全？史铁生这样写道：八子忽然和蔼起来："九儿，知道这是哪儿吗？"九儿说："这不还是北新桥吗？"八子说："石头，从这儿，你知道怎么回家吗？"石头说："再往那边不就是你们学校了吗？我都去过好几回了。""行！"八子夸石头，并且胡噜胡噜他的头发。九儿说："八子，你想干嘛？"八子吓了一跳，赶紧说："不干嘛，考考你们。"这下八子放心了，若无其事地再往前走。我读到这里的时候，心中隐隐作痛，要甩掉弟妹，又怕他俩不认识回家的路。但这种痛是伴随着温情的，八子在

"冷酷"中表露了善良与对弟、妹的爱意。紧接着史铁生是这样写的，他说："变化只在一瞬间。在一个拐弯处，说时迟那时快，八子一把拽起我钻进了路边的一家院门。我们藏在门背后，紧贴墙，大气不出，听着九儿和石头的脚步声走过门前，听着他们在那儿徘徊了一会儿，然后向前追去。八子探出头瞧瞧，说一声'快'，我们跳出那院门，转身向电影院飞跑。"孩子的机灵、淳朴被表现得活灵活现，就像写"每一个人"的自己，我们童年都有的经历。

我没有史铁生的"八子"这么幸运，我是八子，是老小，没有弟妹，缺少了史铁生笔下的"八子"那样展露自己"机灵""冷酷而善良"的机会。我又很幸运，因为我最小，被家里呵护着，被哥姐带在身边，似乎没有被他们"抛甩"的记录。大哥从茶卡回来，是我们最高兴的日子。他会带一些青海的土产来，过年都不会这么丰盛。这还在其次，主要是他总带照相机回来，给我们拍照，我童年的映像就是这样被留下了一点。大哥在青海结了婚，大嫂是陕西长安人，也是支边青年。她来了，总与我们弟妹一起玩，下五子棋。五子棋是自己做的，用小木头疙瘩削的，棋盘是旧报纸画的。棋盘摊在地上，我们撅起屁股与大嫂下棋，我们会悔棋，大嫂也会悔棋，还会吵起来，我还会哭，大嫂还会生气，生了气就一言不发。

我知道青海是很远很远的地方，我大哥与大嫂生了四个侄女。他们回家，先要坐长途班车去西宁，再乘几天几夜的火车，很是不易。大哥先在乌兰县里工作，后来才去茶卡，在小镇上几十年。他之所以有是这样的经历，与我父亲曾是国民党党员、大姐居住在香港有关。前几年，我妻子去青海出差，路过茶卡，在那儿住了一夜。她回来说，茶卡那个地方真是美，拿个瓶子在盐湖里灌满水，过不了一会儿，瓶子里就结成盐晶体。盐湖边上堆积着盐山，盐山上被雕刻出人物草木，早晨与傍晚的霞光映照在那儿，缤纷炫目如梦幻。不过，她又说，小镇很简陋，只是一条街，喝瓶饮料，从这头喝，到街那头，都还没有喝完。宾馆饭店，就像这儿六七十年代的宿舍。盖一条有盐味的被子，又冷又潮湿。门窗漏风，呼呼直吹。我侄女后来知道了，告诉她，她所见到的茶卡盐湖只是边缘上的一个角，还没有见到真正的盐湖那种旷达壮美的精致；还告诉她，现在的小镇条件早已大为改观了，三四十年前的茶卡小镇几乎如同一个荒凉冷瑟村落，一天见不到几个人，那才叫落后闭塞。

最初的遥远，就是茶卡，遥远到我无法想象。大哥大我十几岁，我最大的侄女也只小我六七岁，是同年人，我辈分大，但在心理上几乎是同辈人。我与她们关系都很好，在她们小的时候，有那么五、六年，我几乎一两个月就要给她们寄一些小人图书。当时我有了零花钱都是买书，买两类书，我自己专买诗集，给侄女们买小孩图书。我相信，这些图书，是陪伴她们成长的鲜活世界。如今的回想，似乎是一个遥远的苍凉的梦，我希望尽快能现实地进入其中。茶卡，我至今没有踏上它的土地，对我来说，仍是一个谜。

尽管，每一个人的童年不一样，每一个时代的童年不一样，但是，对人的一生来说，都是美妙得可以珍藏。童年那段时光，是不能用好坏、对错这些简单的字眼来衡量、评价的。当时，我生活在那儿，我并不知道是一个什么地方的地方，从这个不知道什么地方的地方走了出来，今天回首，还能够讲得出所以然来吗？史铁生写道："因为那条花裤子，我记得，八子也几乎被那个可怕的孩子打倒。"在史铁生的文中，八子的花裤子真是一个象征，时代的象征，社会的象征，苦难的象征，在任何时候良心都不会泯灭的象征。那么，到了具体的、个体的、我自己的身上，我的这些内涵的象征物是什么呢？

我记得在我童年的后期，我曾被"孤立"，在伙伴们中被"隔绝"，父亲的曾参加过国民党的历史与大姐生活在香港的现实，让我"卑微"。童年我很少与人交往，与小伙伴在一起，开始常受欺负。我戴着帽子，走在路上，突然会被小伙伴抢了，我去追，追到了，却被这个小孩扔给了另一个小孩。我回过头再去追，追到了，又被这个小孩，踢飞给再下一个小孩，我就不断地兜圈子。后来，帽子被抢，我也不追，随他们去。我拿了一把榔头，找个一些碎石，去角落里修路、补路面。那些抢帽子的孩子，自觉无趣，只能乖乖

憧憬与小心翼翼，似乎总是联系在一起的。原野上自由自在的日子，总要过去了才会体会。

地还我，而我头也不会抬一下。——内心的坚守与倔强，就是从那时开始在我身上显露了，我很难受别人影响，后来去农村插队落户，周边的许多知青都抽烟，唯我不碰，任何劝说都不行。——我不会做我不愿意的事情，我有我内心的坚守与向往。

史铁生的《八子》又一次让我看到了我自己，那个曾经的影子，我阅读它，是在与它对话。对话是交流，把自己的情感、思想告诉对方，并从对方的反应之中获得新的情感、思想，让我们厚重起来，丰盈起来。这一篇短短的文字，我对它凝视，它也在对我凝视，分明是鲜活的能喜笑哀乐的生命的分享，我很希望，将这样的分享放到茶卡——那个我大哥曾生活了大半辈子的地方，那块苍凉的、凄美的、悲壮的盐湖的夕阳下，——多遥远的岁月啊！那可能是我一生都无法苏醒的童年之梦。

2015 年 2 月 5 日元宵节

学校是美的

彼方的诗意

对面的风景

亦能感受到

哪怕是静静地听着风声

安静地

——《我们所面对的都是风景》

仅仅是开始

——诗集《放飞青春》序

　　此刻，我坐在阳光下，欣然为这本同样充满意味的诗集写序。2011 年 10 月 29 日，"放飞青春"全国中学生首届诗会在美丽的苏州——苏州第十中学举行，来自全国二十三个省、自治区、直辖市的近五十所中学的五百多位师生，在典雅的振华堂，朗诵与倾听自己的诗作，所有人都处在无限的激动之中。那真是一个令人难以忘怀的场面，那个江南温和的季节，在那个瞬间，诗性在所有人的身上，包括成年的嘉宾、老师，苏醒了。这个集子，就是那一天、那一刻的真实记录。我敢说，那么多年了，没有哪一次诗会，会这么盛大；没有哪一次诗会，会引起社会包括教育媒体、诗歌界的关注；也没有哪一次诗会，会如此突破诗歌本身的意义，对学校教育产生影响。

　　此刻，我坐在西花园的阳光下写序，回想九个月前，我们一群来自全国各地的中学校长，在美国康涅迪克州"跟岗"培训的情景。那一天早晨，大雪，整个都是白雪覆盖下的世界。我们分别去跟岗的学校，他们的校舍都是大体量的封闭式建筑，一整天都在大楼里。当我们下午离开大楼，走出去的时候，早晨的那场大雪，那大地上、大树上、所有房舍上的厚厚的积雪，消失得无影无踪。瞬息万变，变化得如此之快，不可思议。汽车行驶在回住所的路上，是一个丘陵地带，公路从不在一个平面上，一切都是因势赋形，似乎看不到平整土地的痕迹。傍晚我们吃罢晚餐，坐在窗前闲聊，晚霞布满天空，柔和的光线照在身上，真是诗情画意。自然就聊到诗，聊到这个时代诗意的缺失，聊到要举办一场中学生诗会。大家提议由我第一个去承办第一次诗会。为什么？理由是：我所在的学校被称为"最中国"的学校，校园里洋溢着浓郁的古典文化的气息。况且，我们正践行着"本真、唯美、超然"的诗性教育。还有一个理由：有一个写诗的校长。尽管第三个理由是对我的调侃，但充满着真诚。我们这群参加教育部中学培训中心举办的首期全国优秀中学校长高级研究班的校长们，三年来常常在一起，培训研究之余，我们写诗、赋诗，以诗表达情感与志趣，这本身就是教育的佳话。就在那个温馨的异国的傍晚，我们约定，不学那些数、理、化等奥林匹克学科竞赛知识，去除功利色彩，不评奖，做一个纯文学的校园活动。回国以后，联络了华东师范大学、《中国教育报》《星星诗刊》《扬子江诗刊》《苏州杂志》《姑苏晚报》等作为共同主办单位，用了半年的时间筹备，终于实现了大家的心愿。在这里我要感谢霍益萍教授、王意如教授、杨桂清博士，还有王殿军、毛杰、徐向东、刘平、阮厚广、孙先亮、高玉峰、李昌林、陈仕学、陈康金、夏强等校长班的同学，要特别感谢李迅先生，他是最早提议要举办诗会的人，从美国回来，几乎隔三岔五就要提醒与督促我，诗会那天他派出了强大的阵容参加活动。没有他们的思想以及多方支持，首届诗会不会办得如此令人难忘。

此刻，我坐在阳光下在怀想中写序，心情格外愉悦。我的思绪又回到了诗会当天的场景，作为东道主，我被组委会指定上台致辞。事后，有人问我：有没有讲稿？又有人对我说：真不简单，把讲稿都背出来了。还有人问：你准备了多少时间？说实话，这个致辞，我没有写成书面稿子，是一个即席发言，但准备它，何止是用一天两天啊，几乎是用了一年两年，甚至是更多的时间。致辞的题目，用了我的一句诗"在这个园子里，遇见你是我幸福的开始"。这句诗，真的很准确地表达了当时我的心情。那个园子里的那个诗会，让我遇到了许多人：我们语文界的前辈、文学诗歌界的精英，特别是那些来自全国各地的可爱的孩子，那真是我的新的幸福的开始。那个场景，又让我联想到历史上的那一天，也是在这个校园，也是在这个振华堂，走来了蔡元培、胡适、竺可桢等大家，让我们的前辈校友费孝通、杨绛、何泽慧、彭子冈、李政道等遇见了。追溯历史，更久远的那一天，这个园子里，走来了曹雪芹。一部《红楼梦》，让我们中华子孙有了文学阅读的幸福开始。历史翻开了新的一页，下面，我把诗会上的致辞，摘要于下：

> 在这个时候，我想到了我曾经写过的一首诗，这首诗的题目是《寻找我的仓央嘉措》。仓央嘉措是诗人、六世达赖喇嘛，今年八月我又一次踏上西藏高原，在那方净土寻找"仓央嘉措"，其实我寻找的不仅仅是诗人的仓央嘉措，我是寻找美好、寻找理想、寻找诗意的生活、寻找诗意的教育。教育是什么？教育就是老师寻找通往学生心灵最柔软的地方，在那里种上爱的、善良的、诚实的、希望的、理想的种子，让其沐浴风雨，长成参天大树。我想，那个最柔软的地方、那棵参天大树就是我心中的"仓央嘉措"。
>
> 每一次写诗就是一次火山爆发，每一次写诗就是一股清泉在山里流淌，这是一个美好的经历。我们写诗，不是要我们每一个人都做诗人，而是要我们做一个有诗人情怀的人。在我即将结束我的致辞的时候，又想起了著名的大诗人泰戈尔的一句话："教育的目的就是向人类传递生命的气息。"说得多好啊，那是对教育的诗意阐述。同学们，今天在这里我们也在用自己的诗句对教育作出最好的诠释。在这个园子里，我们找到了自己的理想，今天的诗会将又一次成为我们永远的记忆，留在我们的园子里。

此刻，在阳光下回想这些难忘的记忆，让我对未来充满了希望。我们这群人，无论是老师，还是学生，都承担着传承中华的诗性文化的责任。中华的诗性文化如何在我们每一所校园里传承？这是我们必须去求索的事情。传承中华的诗性文化，绝不会像写一首诗、举办一次诗会那样简单。《星星诗刊》

决定，2012 年始开辟中学生专栏，以回应全国中学生诗会活动，邀请我做栏目主持人。在第一期的栏目上，我说：高考考什么，老师教什么，一张试卷引导着学校的教育教学。高考作文的题目要求中，总有一句"体裁不限，诗歌除外"。高考把它排除在外，谁还会重视它呢？这是时代的悲哀，也是我们民族文化进入这个时代的悲哀。我们的学校教育当下一再强调要培养创新人才，但是在实际教育过程中，往往只重视科学素质素养的提升，而忽视了对人文精神的塑造和培养。古希腊有句名言："诗人与创造者同义。"诗人的"想象"与科学家的"想象"，在本质上是一致的。诗会及诗会的反响，促使我对一些问题作进一步的思考：一场诗会为何会得到这么热烈的响应和雷鸣般的回响。参加诗会的江苏省教育厅副厅长胡金波、《中国教育报》副总编李功毅、《星星诗刊》副主编靳晓静本没有朗诵的安排，瞬间被打动，即席要求上台朗诵诗作。这场诗会，《光明日报》《中国教育报》《文汇报》《江苏教育报》等媒体及时作了专题报道，国内许多网站纷纷转载。一时，那些没能来参加诗会的许多学校，包括许多名校，纷纷表示下届一定要参加，有的还表达愿望，愿意承办下届诗会。我们的规则是，从首届诗会始，每一年举办一届，由诗会成员学校申报，轮流举办。我们期待它成为一个品牌，成为一把火，在无边的星夜，与星光遥相呼应，温暖这个曾渐行渐远的世界。我们走得太远了，一度离诗太远了，使得诗远离校园、远离年轻人、远离现实的生活，甚至在有些地方，学校的所有教育活动，几乎都瞄准和奔向功利。正如诗会上华东师范大学任有群教授所说："我们读书的那个时代，连数学系都在写诗，现在连中文系都不再写诗了。"社会功利，哪有学校的不功利？反过来，学校功利，哪会有社会的不功利？走得太远就要走到极端。到了极端，其实就是绝境——现在到了我们需要回归的时刻了。

此刻，坐在阳光下，我为《放飞青春》诗集写序，行文即将结束，我又自然想到了自己曾写过的一首诗，题目是《我踏入了你的界河》，其中有这样的诗句：

学校是美的

在黄昏的那阵悸动中

雪花纷纷地开放

大地上的树

站成一个个勇士

树上没有一片叶子

树下也没有一片叶子

这是个悲凉的时刻

我踏入你的界河

我从遥远的那个地方

飞奔而来

那个地方有异样的声音

异样的魂灵

我踏入你的界河

骏马前蹄奋起仰天长嘶

这是个悲壮的时刻

是啊，现在我们正到了那个悲壮的时刻，我们正从"树上没有一片叶子/树下也没有一片叶子"的冬季，向冬天与春天的"界河"飞奔而去。正如，我在这首诗最后所表达的：

我傲然地踏入你的领地

多美啊

一年四季的花果

都在这里争奇

一年四季的风景

都在这里聚集

我甘愿仆倒在地

化作一缕你的气息

　　现在，我们已踏入了那个美妙的春天。诗会上呈现的那些美妙的诗，这个诗集中呈现的那些动人的诗，是春天里的灿烂花树和无数花树上的花朵，千姿百态，争奇斗艳，一切都是那么美好。写到此，那个美好的诗会场景又出现于眼前，山东省青岛第二中学同学王博文《想一个人旅行》的诗句在耳畔响起："好想一个人旅行／将那些无论多假的传说都／一一铭记""然后留下日落里的背影／加入本土的传奇／让渐次明灭的星光／镂空回忆"，绮丽而悲美的诗句几乎与我的《我踏入了你的界河》共鸣着。走过苍凉与悲壮，就是春天，一切奇迹都可以发生。正如苏州十中俞秋艳同学的《稻草人》："稻草人／独自地／在田野里"，可笑又孤独，但是，春天到了，"在嫩绿的田地里／春风俯在它身边细语""细细看那／这可笑的稻草人长成了一棵树""呵，多美丽／这可爱的一棵树"。是啊，春天的田野上，万物苏醒了，稻草人，也焕发了生机。多美好啊，仅仅是个开始，一切也还都方兴未艾。

2011 年 12 月 14 日

点燃一盏明灯，燃烧成快乐的光阴。——《赐你的礼物》

梦之彼岸

——在第二届全国中学生诗会上的致辞

从某种意义上说，能在某种场合上发言或致辞，是一种文化意义上的象征。今天我很荣幸，正处于这样的场合。这是我的荣幸，希望是我一生的荣幸。

首先，感谢大家给我这样的机会。我代表所有参会的学校，即五十余所诗会联盟学校，对主办方，特别是清华附中，以及王殿军校长表示感谢。王校长还是我的同学，回想一年半以前在美国康州的那个傍晚，在那个火红的夕阳下面，我们几十个校长同学萌发了一个愿望，举办全国中学生诗会，那几乎是一个梦想。如今这个梦想已经变成美妙的现实，因此，我们要感谢所有帮助我们把梦想变成现实的人。

今天，我希望用"让诗意的生活成为校园的日常生活"来正式开始我的致辞。站在这里，不由得让我回想起去年"放飞青春"第一届全国中学生诗会，那是在美丽的江南、典雅的苏州、小巷深处的苏州十中的西花园。今天，我们来到泱泱的首都、泱泱的清华大学附中，具有别样的风采。第一届诗会举办以后，我们出版了诗集，《星星诗刊》开辟了中学生营地。写诗、开诗会、出诗集，已经成为全国许多中学的常态。我们有一种坚定的信念：我们可以不做一个诗人，但是，我们必须要有诗人的情怀。

什么是诗人的情怀？即是不雕琢，不做作，纯朴一生的情怀；是内心强

渴望中的梦想，渴望
中的明天，梦之彼岸。

大、视野强大，不功利，率真、善良、一生有梦的情怀。清华附中以"梦之彼岸"为题，蕴涵是丰富的。什么叫梦？梦就是愿望、理想，是孜孜以求的渴望。什么是彼岸？彼岸是未来，是明天。

什么是"梦之彼岸"？那就是渴望中的梦想，与渴望中的明天。

纪伯伦说："我们可以庇护孩子们的身体，但我们一定不要囚禁他们的灵魂，因为那是我们如何都到达不了的地方。那个我们如何都到达不了的地方，就是'梦之彼岸'。"

如何泅渡这个波涛汹涌的大海？这个大海，也可用以比喻我们今天，今天的学校日常生活。我们期待怎么样的学校生活呢？我以为是灵与肉完美结合的学校生活，校园里洋溢着爱、感恩、美的气息，在这样的校园日常生活中，我们的同学富有创新的品质。一个富有创新精神的人，一定是一个既有科学素养，又有人文素养的人。我希望学校教育是从教育的制造走向教育的创造，以诗性为底色。这样的底色，无时不渗透文化自觉的意识。各美其美，美人之美。既有本土情怀，又有国际视野。

去年，在第一届诗会上，我曾用我的诗句"在这个园子里遇见你，是我幸福的新的开始"作为欢迎词，今天在清华校园，这同样是我们大家的"家"，我还想用"在这个园子里遇见你，是我幸福的新的开始"作为我的结束词：在这个园子里遇上你是个幸福的开始／可以忘记许多事情／这个事情不可忘记／那个春天／那个突然到来的早晨／在这个院子里／我遇上你／真是个奇迹／没有比这朵花／更雅致／更浪漫／一切都变得那么美好／每棵树都葱郁／每块石头都有生气／每个人都露出笑靥／我知道／从这个时刻开始／从我在这个院子里／遇上你开始／从这个早晨开始／从这个春天开始／是我幸福的开始。

2012 年 9 月 22 日于清华附中

　　　　　　　　　　　　　学校是美的

唯有感恩、谦卑与恭敬

——在"诗性教育"背景下的语文审美课堂研讨会上的致辞

各位领导、老师们、朋友们、来宾们：

大家好。

这是一场盛会——"植根传统、面向未来"的语文教学研究的盛会。我相信今天的这个情境——聆听专家报告，以及以后两天的研讨、交流，一定会令人难忘。感谢大家的光临，你们的光临，让今天，让今天我们的校园有了非同一般的意义。

今天的日子，首先唯有用"感恩"才能表达我此刻的心情。感恩我们的光荣历史、感恩前辈为我们留下了宝贵的文化教育遗产，并为我们点亮了一盏灯，照亮我们熠熠闪光的前程。

在这个园子里研讨"诗性教育"背景下的语文审美课堂，我感觉到了一种浓郁而温馨的氛围。这个园子多少与《全唐诗》有一些关系。那是三百多年前，康熙皇帝来到这里，他对这里的主人曹寅（曹雪芹的祖父）、李煦（曹雪芹的舅公）说，他想把整个唐朝的诗歌都编纂出来。于是曹寅、李煦就推荐了苏州状元彭定求做"总裁"，即今天所谓的主编，于是一部《全唐诗》就这样出世了。康熙挥毫为这个园子题了词——"修竹清风"。还要告诉大家，这个园子还多少与《水浒传》《红楼梦》有些关系。北宋末年的宋徽宗喜欢造园林，便派人到江南收集奇花异石，这就是历史上著名的"花石纲"事件。当时"花石纲"中的名石——"瑞云峰"，如今就伫立在我们校园里，可以说一部《水浒传》几乎就是从"花石纲"写起的。而《红楼梦》与我们就更有直接的关系了。曹雪芹少年时代曾生活在这里，苏州以及这个园子为他的人生染上了底色，何以见得？金陵十二钗中的第一人林黛玉就是苏州人，而大观园内的宁国府又有当年西花园的影子。《红楼梦》还有一个名字叫《石头记》，西花园内太湖美石曾成群遍布，这个园子，在明朝时就很有名，它曾是大学士王鏊的别墅、崇祯皇帝岳父周奎的家。民国时，胡适曾多次到这个园子里给女学生讲《红楼梦》，他很风趣地说："在当年林黛玉待的园子里给今日林黛玉般的女孩讲《红楼梦》，是多快乐的事情啊！"我之所以要讲这些，是想说，我们这个园子是有历史的，这块神奇的土地充满着厚重的文化色彩。深厚的文化底蕴、美丽的历史传说，以及一草一木都能让人遐想，那是我们研讨"诗性教育"背景下的语文审美课堂的历史文化力量，那是我们的底色，是我们的血脉。

我们不仅要感恩这块土地，还要感恩我们学校的历史和教育传统，特别是深厚的语文教学底蕴。一百零六年的学校发展历史是宝贵的财富。我们追溯一下"语文"或"文学"，也是有必要的。国学大师章太炎留下了痕迹，今日校园里方尖碑上还留有他的碑文；教育大家蔡元培留下了痕迹，今日校园"长达图书馆"匾石上还留有他的笔迹；曾任北京女子师范大学校长的杨荫榆、民国著名女作家苏雪林曾在这个学校当语文教员；1936年、1937年的时候，叶圣陶也曾应聘到这里当写作指导教师；张羽，20世纪40年代末在这里当语文老师，后来去了中国青年出版社，他最早发现了《红岩》原稿，并作为主要的责任编辑，字斟句酌，助产《红岩》的诞生。这样的老师，培养出的学生也就不同凡响，如费孝通，与杨绛同班，在这个园子里时就文思泉涌，他当年的作文，我们还保留着。杨绛、何泽慧当年读书时就能写能画，现在我们同样还保留着她们读书时的作品。彭子冈也是我们的校友，1945年毛泽东到重庆与蒋介石谈判，当年在这两个中国最大的名人之间斡旋的人，就是彭子冈。她的《毛泽东先生到重庆》是我至今读到的最好的新闻报道，那么严肃、紧张的事情与场合，被她写得那么亲和、有趣，对细节的把握与对情感的把握真是无人可比。我之所以讲这些，也是想告诉大家，我们学校的文化底蕴，特别是语文教育的历史底蕴，是我们今日研讨"诗性教育"背景下的语文审美课堂的底气和血脉之源。在学校厚重的历史与成就面前，我们只有惭愧，那个曾经的高度，是我们无法企及的，今天我们唯有谦卑与恭敬。

今天，我们同样满怀感恩之心，欢迎在座的各位领导、专家与朋友们。两年前，杨九俊院长曾在"诗性教育"研讨会上说："我曾经把《圣经》里的一句话，送给柳袁照校长，《圣经》里说，上帝要给亚伯拉罕及其后代一块土地，这块土地有一个什么特征呢？要到处流淌着奶和蜜。我想，学校就应该成为到处流淌着奶和蜜的地方。我以为，'奶'主要是指知性教育，知识的教育。'蜜'主要是指诗性教育。柳校长的努力，就是努力把学校建成了一个到处流淌着'奶'和'蜜'的地方。"那是怎样的鼓励啊！葛宇虹主编的《中学语文教学参考》，三次专为苏州十中的诗性语文开辟栏目，发表了十多篇我们年轻教师的文章，还分别加上按语，如："语文天生浪漫。浪漫的语文离不开诗性的因子。然而，倘使浪漫与诗性只是潜伏于我们的意识之中，与教学相隔，和课堂绝缘，所谓的浪漫与诗性也仅仅只能是一个词语，和抽象无异。基于此，我们一直在寻找，寻找一种能将浪漫的情怀和诗性的敏感融润到语文课堂中的理念与模式。我们与柳袁照先生相识，谈到了语文，谈到了语文的诗性和诗性的语文，谈到了他和他的团队所倡导并孜孜践行的'诗性语文'教学理念、教学模式与实践操作，出于出版人的职业敏感和共同的语文情结，我们觉得有必要将此向全国的同仁推广。""苏州十中的语文团队积极致力于语文教学实践，力求拨开重重迷雾探索语文课堂的'本真'，在'诗性教育'的浸润下，发扬原有的优秀传统，积极构建语文审美课堂。优秀的语文教育传统和勇于开拓创新的精神，孕育了一批优秀的语文教师，这些教师和后来者必将以耕耘和睿智，为苏州十中的语文教育续写灿烂篇章。"华东师范大学语文中心更是直接加入了我们具体的探索中，在探索中引领我们。例如与我们一起举办全国中学生诗会，带领语文"国培计划"的百位老师来学校研讨、指导等等，所有这些都是我们难忘的，我们将会铭记于心。

今天的语文教育，无论是形与神，都有面向优秀传统的必要。语文课堂是讲究气息的，应该弥漫诗意的气息，这种诗意的气息是自然清新的气息、书生意气的气息，是不拘形而出神入化的气息。最近，我翻阅民国教育旧事，抄录几则于下：章太炎每次上课，排场都很大。先是马幼渔、钱玄同、刘半农等五六个弟子簇拥老师登上讲台，章向下望一望，开口就说："你们来听我上课是你们的幸运，当然也是我的幸运。"由于章满口浙江余杭的家乡话，刘半农便现场任翻译，钱玄同在黑板上写板书，马幼渔负责倒茶水，可谓盛况空前。另一则：林纾在北大授课时，有次讲授韩愈的《祭十二郎文》。开头一句"呜呼，余少孤"五个字，林读来凄凉哀愁，其声呜咽，似有哭泣。学生中有身世同感者，情不自禁地哭了起来。讲解这五个字，他用了一小时还没有讲完，这篇文章更是连上四堂课才讲完。

我们看章太炎上课的排场，他的底气让人折服；我们看林纾上课，呜咽哭泣，"呜呼，余少孤"五个字，竟讲了一节课，何其有趣与精彩。梁实秋是这样回忆梁启超的："穿着肥大的长袍，步履稳健，风神潇洒，左顾右盼，光芒四射，这就是梁任公先生。他走向讲台，打开他的讲稿，眼光向下面一扫，然后是他极简短的开场白，一共只有两句，头一句是'启超没有什么学问——'，眼睛往上一翻，轻轻点一下头'可是也有一点喽！'先生的讲演，到紧张处，便成为表演。他真是手之舞之足之蹈之，有时掩面，有时顿足，有时狂笑，有时叹息。讲到他最喜爱的《桃花扇》，讲到'高皇帝，在九天，不管……'那一段，他悲从中来，竟痛哭流涕而不能自己。他掏出手巾拭泪，听讲的人不知有几多也泪下沾巾了！"梁实秋最后感叹道："像先生这样，有学问，有文采，又热心肠的学者，求之当世能有几人？"

诗性的课堂，包括诗性的语文课堂，是需要诗性的老师支撑的。章太炎、林纾、梁启超作为老师，都是有诗性的人。这何尝不是我们向往与追求的？《教师月刊》主编林茶居，今年第一次在月刊上做一个学校的专版，而且是教师诗歌专版，他在编者按《说说这所诗歌的学校》中说："这诗的生活，已经成为苏州十中教师（学生）精神生活的一部分，并且是他们自我确认和相互

学校是美的

我要建一座自己的园子在原上
拆去围墙
让风吹进来
——《建一座自己的园子在原上》

肯定的心灵力量。一个正常的时代，一个正常的教育，应该是这样子的：你不会因为纵谈理想而被嘲笑，你不会因为卷入诗歌而遭尴尬……"这些都是溢美之词。很荣幸，在座的许多都是名校教师，从祖国四面八方赶来，给我们支持。借这个机会，向大家介绍一位来宾，她曾到我们学校给我们老师讲读书、讲人生、讲做教师，让大家几年以后都很难忘她的诗意人生观。她曾创作了《晚秋》《晚霞中的红蜻蜓》《星星是我看你的眼睛》《你看蓝蓝的天》《同学，你好》等200多首风靡一时的歌曲，她就是曾被评为"深圳十佳青年教师"的深圳外国语学校的语文老师苏拉。我常想唐诗、宋词、元曲，今天我们诵读的都是当时的歌词，朗朗上口，且好记，情感饱满又能产生共鸣，所以能够流传。因此，我一直有一个感觉，今天流行歌曲的歌词，才是真正能够流传下去的诗，也许写歌的人才是这个时代的诗人。还有本市兄弟学校的各位老师，你们满腔热忱，在平时日常的语文教学中就是我们最好的伙伴，今天也来到这个园子里，投给我们信任的目光，给了我们动力。因此，请允许我再一次向所有来宾们表达感恩之心、感激之情，你们的到来，给了我们无限的美好希望。

朋友们，来宾们，谢谢你们！

2012 年 11 月 29 日

彼方的诗意

走在路上

从没有想过要写有关自己生涯经历和感受的文章，《人民教育》"名师人生"栏目与我约稿，要我写写我的教育生涯。如何写？真不知道如何下笔，这倒促使我回想，回想自己这几十年一步步走过的历程；促使我思考，自己在教育之路上究竟走了多远；促使我梳理，那些有感触的境遇与探索。

早年的经历成为我教育的底色

我是一个有些经历的人。1974 年毕业于我现在任校长的这所江苏省苏州第十中学，然后下乡去太仓岳王插队三年，1977 年恢复高考那一年，我随社会上积累了十届的初高中毕业生，一起参加了高考。记得是在当时的县中参加的高考，晚上就睡在教室里的地铺上，那是令人回味的事件，不久发榜了，我被师范录取，是我们岳王公社第一个被录取的知青。记得当我离开的时候，我所在的新建大队知青点的所有知青都走出来送我，沿着杨林河边，送了一程又一程，直到镇上的长途汽车站。这段经历，成为我教育生涯的底色，甚至成为我整个人生的底色。那种吃过苦的感受，那种对未来生活的渴望，那种田野里的本真与纯朴，都融入了我的血液，影响了我一生对生活与事业的追求。

大学毕业，我回到农村做了五年语文老师，那是在曾经的乱坟地上建成的一所学校——新毛中学。前面、左右都是农田，后面是一条小河，小河边上有几间茅屋，就是我们异乡教师的住所，河对面是公社的卫生院，太平间就在我们望得见的不远处。那段经历，让我理解了什么是最朴实的教育。

成家以后，我调回了我的故里苏州，在一所地处城乡结合部的新建学校彩香中学又做了七年语文老师，其间做过班主任、少先队大队辅导员、教导处副主任、政教处主任。那七年，是我做老师异常兴奋、身心投入的七年，最早展现我教育才能的是班主任和德育工作。我发表的第一篇教育文章，是有关班主任工作的，发表在上海《中学教育》杂志上，题目是《班长聘任制的尝试》。那是在20世纪80年代中期，我在班级里尝试进行学生自我管理，班干部实行聘任、轮换，每个同学担任班长一个月，所以我的那届学生几乎人人都担任过班长，二十多年过去了，这是他们至今都引以为豪的经历。那段时间我与学生参加团中央组织的少先队"创造"杯活动，我的中队（班级）就获得了两个全国一等奖。

苏州教育局渐渐注意到了我，有一年教育局组织全市德育论文竞赛，我又获得了一等奖的第一名。由于我会写文章，很快就被调入教育局。在机关工作整整十一年，我做局长秘书、办公室主任、政策法规处处长、城市与农村教育综合改革办公室主任。那些年我参与了苏州全市"普九"与"扫除青壮年文盲"的教育实践行动，我几乎走遍了全市城乡的每一个角落，又由于苏州是全国教育综合改革城市的十五个核心城市之一，我也几乎走遍了省内外的山山水水。这个时期，我参与撰写政策文件、实验报告、经验总结，甚至科研论文，这些经历，让我一下子，从学校的微观层面上升到一个城市的宏观层面去思考问题。十一年的机关经历，不是庸庸碌碌的琐碎事务的经历，是锻炼与让我学会宏观思维、综合思维的经历。这期间，我要特别感谢两个人，一个是顾敦荣，一个是王少东，两人先后任苏州市教育局长，王少东还是我在彩香中学时的校长。顾敦荣对教育的敏锐是少有的，王少东对教育全面把握的魄力也是少有的。以至于，我今天当校长还会不自觉地流露出他们的特点，还会调侃地对他们说，我的优点是学你们的，我的缺点也是学你们的。

"修旧如旧"获得了"最中国"称号

我来苏州十中担任校长已经整整十年,今年,是第十一个年头。我当校长是组织决定的,也是我的心愿。苏州十中,是一所百年老校,前身是振华女校,是百年前蔡元培、章太炎、周诒春、于右任等人参与创建的,且又是在清朝苏州织造署旧址上办学,与《红楼梦》、曹雪芹都有些联系,可谓底蕴深厚。

那是我离开母校二十八年以后回去当校长,母校的一草一木格外亲切,那些老教师都是我的老师,老教师们都很认可我,这是我的底气。我是怀着感恩的心态回去的,那年是 2002 年,还有五年就是百年校庆,那会是一个盛大的节日,也是一个盛大的典礼。以此为契机,学校会迎来新一轮的发展。于是,我做了两件事,一件是修复、改造学校,另一件是梳理学校历史。无论是物质的改造,还是精神的梳理,我都坚持"修旧如旧"。

那个时候,江南重建、搬迁百年老校蔚然成风,他们都朝现代化奔去,而我却站在原地,坚持自己的传统、自己的特点。我有一个愿望,把苏州十中办成有着同里、周庄那样江南古典气息的学校。用五年时间修复、改造这个校园,我坚持不砍一棵树,不拆一间房,把明清建筑、民国建筑,也包括 20 世纪 50 年代的仿苏建筑、文革建筑,都在吴文化的主导风格下统一起来。我们的校园曾经就是一座典型的苏州园林,我第一步,要恢复它的园林风貌。所有参与我们学校修复、改造的专家、建筑队伍,就是做苏州园林的这批人、这些力量。画家、书法家、做牌匾的、做砖雕的那些人,最后都成为我的朋友。

仅仅是像园林还是不够的,我们要让一草一木都焕发教育的意义,让每一堵墙壁、每一个角落都说话,说什么话?说教育的话、说有文化的话。学校百年的历史就在校园里,我们要赋予亭台楼阁,甚至每一块石头、每一条小径以教育的意义。我的愿望是,校园就是一本书,就是孩子们进入学校阅读的第一本书;校园就是一门课程,这门课程散发出浓郁的本土文化气息,每一个孩子身处其间，都会打上深深的本土情怀的烙印；校园这门课程还能够呈现鲜明的课程文化精神，那就是百年前"诚朴仁勇"的校训与演化至今日的"质朴大气、真水无香、倾听天籁"学校文化精神相一致的课程文化精神。

为梳理学校的历史，我们深入研究了每一个学科发展的历史特点，我们研究学校名人的历史，以及他们的成长历史，我与学校的有关老师走遍全中国，走访名人校友，或者名人之后。那是一份少有的历史遗产、教育遗产，在此基础上，我们鲜明地提出要"回归优秀的文化教育传统"的办学理念。在这个园子里，我们追求"文化浸润和情感体验"的教育境界。我坚信学校是教育人的地方，绝不是说教的地方，追求一切都是自然的呈现。

百年校庆之时，当这个"修旧如旧"之后的校园再一次展示在人们面前的时候，人们惊讶了，苏州的小巷里竟还有这么一所洋溢着本土文化的老校园。许多人感觉到，有时我们片面地理解"现代化"这一概念，以为越新越西洋化就是"现代化"，在这个过程中往往把自己最宝贵的东西丢掉了，而这些被丢掉的东西才是真正属于我们自己的。媒体及时地给予我们校园以肯定，《人民教育》杂志率先以《"最中国"的学校——江苏省苏州第十中学校园文化解读》为题，进行了报道。从此，"最中国"就成为我们学校的代名词。《人民教育》办刊六十周年，评选六十年来影响最大的六十件教育事件，有幸该"最中国"成为其中之一。如今，每年都有数千人来校参观指导，最多的一年来了一万多名校长、老师。

梳理理念体系，践行"诗性教育"

办学校、搞教育需要有理论的提升，认识的境界高，实际的境界才可能会高。

百年校庆前后，有一件事情给予了我很大的影响。2006 年，我进入教育部第 31 期全国重点高中校长研修班培训学习，这次学习，让我接触到我们国家一些最优秀的教育专家学者，班上的校长们睿智而敏锐，课堂上既能聆听，又敢于争论，甚者与一流的权威争论。三年以后，2009年我又参加了教育部举办的旨在培养教育家型校长的"全国首期中学优秀校长"高级研修班，班上聚集着许多办学卓有成效的知名校长，如毛杰、李迅、叶翠微、孙先亮、王殿军、李帧、徐向东、李昌林、刘平等，和他们做同学，"各美其美，美人之美"的文化自觉意识更明显。为期三年的学习，给予我们自身的提高是明显的。

有一阵子身在其中，几乎是"炼狱"，人人谈自己的办学现实、办学理念、办学理想，提炼、提升，再体系化。当一个人介绍的时候，每个同学只能讲一句肯定赞许的话，其他都必须提缺点、不足、建议。我讲我的"美之学校"，半个小时说完以后，同学们纷纷发言，几乎说得我一无是处，一座理想大厦几乎是瞬间倒塌了。就是在这样的死而后生之后，"凤凰涅槃"，我们才有了飞跃的提升。这过程中，专家和媒体发挥了巨大的作用，他们为我们搭建平台，召开"人民教育家"论坛、研讨会等。我要提几个人，陈玉琨、朱小曼、霍益萍、杨九俊、戚业国、王俭等，都先后给予了我们理论上与实践上的指导。

"最中国"只是赞誉性的话，还不是一个教育探索、教育改革的概念。经过不断的总结、梳理、提升，我们校本化深化素质教育之路，越发清晰了。为此，《中国教育报》《人民教育》分别发文《柳袁照：诗性教育的先行者》《本真、唯美、超然——柳袁照与他的诗性教育》，给予了集中报道。这是一份催人奋进的力量，那些综合之力、积极之力，促使我自觉地在理论上进行更为深入的思考。我明白这不是个缺少理论、缺少理念的时代，我们校长需要做的就是思考如何把理论、理念转化为具体的教育教学实践。"诗性教育"是一个实施素质教育的概念，它渗透在我们的校园和学生的日常生活中：在课堂，构建闪耀着道德光彩的"审美"课堂；在课程，探索国家课程、地方课程、校本课程的整合与个性化实施；在管理，颠覆"火车跑得快，全靠车头带"的信念，实现文化管理，发挥每一个人的能动作用；在做一个什么样的老师、做一个什么样的学生等方面，鼓励、勉励并身体力行地去做一个有"诗性"的人。什么是有"诗性"的人？即纯朴、诚实、率真、本分又本色，不做作、不刻意雕琢，一生有梦的人。我引为自豪的是，这不仅是校长一个人的理念，更是学校全体师生的共识，如今我们就是在学校的每一天、在学校的日常教育生活中，如此推进与深化素质教育。我做校长十年有余，按照媒体、专家的说法，做了七个字，即"最中国"和"诗性教育"，以后几年我将更聚焦在"审美课堂"这四个字上。

牢记陶行知的话，"做整个的校长"

我一直记住陶行知先生的一句话，他说："国家把整个的学校交给你，你要做整个的校长"。不管在现在的管理体制下，国家有没有真正地把整个的学校交给我们，但我们仍然要做整个的校长。什么是整个的校长？整个的校长，是要对整个的学校负责，是给予师生一个完整的、丰富的、健康的学校生活。

我们今天的学校生活完整吗？丰富吗？健康吗？一个人最完美的状态是灵与肉结合的完美，学校就像一个人，也应当如是。今天的学校有"灵"吗？有"肉"吗？学校做到了"灵与肉"的完美结合了吗？思考这些问题，已经成为我自觉的行为。我常常问自己：什么是教育？真正的教育是什么？有时候，看似简单的问题其实不简单；有时候，看似很容易回答的问题其实最不容易回答。我们做老师的、做校长的都能清楚地回答上述这些问题吗？在功利的社会背景下，我们能够坚持我们教育的操守吗？除了高考，我们在心中还装着什么？除了为自己的荣誉，或者为学校的声誉，我们还会自觉做什么？我们在每一次公开与不公开的教育活动中、在每一节公开的与不公开的课堂上、在学校每一个亮点与角落之处，我们都是把学生的根本利益放在第一位吗？我不仅仅在思考这些问题，而且我力求在每一天的办学实际中，去尽最大可能地回答它们和解决它们。

一个学校的使命意识很重要。我们的学校为什么而存在？就是为了分数吗？为了考试吗？当下考试、分数是十分重要的，没有它们几乎就不能有学校的生存，这是一个严峻的、残酷的现实，但是我们就能因此而不在其他方面作为了吗？我常常对老师们说，办学假如是一张试卷，我们的高考只是其中的及格分数，我们做完了及格分数还有更重要、更难做的教育题目要去解答，我们心中要有高考，但是我们心中切不能仅仅只有高考。

我曾经的同事、现在的苏州教育局长顾月华博士曾经先后做了"苏州百年名校的课题探究""苏州高考优胜者跟踪研究"，得出的结论，给了我莫大的启发：我们做校长的能够因为现实的功利、社会的功利，而有逃遁、背离教育的本源的理由？一个学校要有自己高贵的灵魂，这个灵魂就是学校的文化精神、学校的使命意识。我们苏州十中的文化精神体系是完备的，是丰盈的，是清晰的。我们的教育核心理念：以学校的每一天成就每一个师生的本色人生。我们学校的文化精神表述是：质朴大气、真水无香、倾听天籁。我们践行"诗性教育"，而"诗性教育"的内涵是：本真、唯美、超然。整个办学的理念体系，真实地反映了我们自己的教育的自觉追求。其中，"真"是核心、最本质的东西。

原本我们的核心理念与现在的表述不完全一样，相差一个字。一次教师大会上，生物教研组的一位老师上台发言，她说："能不能把我们的理念改动一下，把'学生'改成'师生'。"一字之改，从"以学校的每一天成就每一个学生的本色人生"，到"以学校的每一天成就每一个师生的本色人生"，境界完全不一样了，原本老师仅仅作为教育者，蕴涵居高临下之势，到师生同等、师生在学校教育中共同成长与发展，立意高了许多。生物组老师的发言、建议在我看来，就很"真"，就很"本真"，就很本色。我很反对学校动辄就提培养领袖的说法，我以为我们培养朴实、率真的公民是第一位的。领袖首先需要有平民的素养，其次，才是具备领袖的才能。而教育发展到今天，仅仅提"以人为本"，同样是不能的。我在学校还提"以生命为本"，作为补充。花开花落都是自然现象、自然规律，都是我们必须敬畏和尊重的，我们整个校园，都是真实的生命的存在，任何地方都不会有假花假草。校园洋溢着、传递着生命的原始气息。

　　　　　　　　　　　　　　　　　　　学校是美的

学校的办学理念，引领着我们的日常学校生活、教育生活。一个学校的灵魂是否高贵，不是仅看它整天说什么，而是要看它每时每刻做什么。爱的气息、感恩的气息、美的气息、生命的气息始终弥散在我们的校园里。我们教育的特色由经典活动来彰显，比如每年的"与太阳同行60里"行走。有一年，当同学们走完五十里路的时候，感动人的一幕出现了，所有女同学的背包一瞬间全在男同学的肩上了，多好的状态啊！没有人提醒、没有人要求，甚至也不用召唤，所有男孩子都知道去关爱女孩子，多好的、多自然的情感流露啊！第二年，行走了五十里路，我抬起头，我看到的一幕同样让我感动：所有女孩子肩上的背包，都仍然在女孩子肩上。为什么？因为一年来经常讲的这个情景，让女同学们感动了，感动之余，她们懂得了更要自强、自爱，她们要与男生一样，肩负使命，走完全程。还比如每年两次的诗会，全校师生写诗，出诗刊。我的信念是：我们可以不做一个诗人，但是我们必须拥有诗人的情怀。从我们学校开始起步，"全国中学生诗会"举办起来了，首届诗会就在我们的校园举行，第二届在北京清华附中校园举行，第三届在福州一中校园举行。那是师生诗意的盛会，每年来自全国二十多个省份的师生带着自己诗篇，不为评奖，不为荣誉，就为了在一起朗诵自己的诗篇。在一个高考排斥写诗的环境里，兴起一股越来越强大的写诗浪潮，更让我看到了未来教育的希望。

多角色的所谓"诗人校长"

在别人看来，我是一个很感性的人，我写诗，带着师生一起写。其实我也有我理性的一面，在机关十一年，我几乎不看诗，不写诗，只写公文，也养成了宏观看问题、宏观把握、抽象思考、抽象试验的能力。只是十中的校园、学校的生活唤醒了我的诗性。这十年来我著述了十多本书，几乎是一年一本。第一本书是从机关到学校的那个转折点上，我要与自己过去的工作生活作一个告别，我梳理了我对苏州教育，包括基础教育、职业教育、成人教育、地方高等教育，乃至终身教育的认识和思考，并展望未来苏州教育，书名是《苏州教育大趋势》。至出版的时候，一位教育局朋友对我说，这个题目不是该你写的，那是市长的题目，就改成《凝眸苏州教育》吧，于是就改了书名。那是我的第一本著作，是纯理性的思索。

不同的环境慢慢会改变一个人，我又一次回归教育的微观生活，回归到学校具体的一个人、一件事、一堂课，感性的成分又逐渐多了。我分别写了教育随笔《旧雨来今雨亦来》《感恩蔡元培》《我在最中国的学校》，以及与人合著的《灵与肉的学校教育》，那些都是有关十中的故事，有关这个园子的故事，有关教育的故事。我还写了《图像的独白》《在这个园子里，遇见你》散文集，那是涉及我的老师、我的亲人、我的朋友的心语，可以说是我在感

校园中，每一块石头、每一条小径，都有教育的印记。
——《走在路上》

恩与怀旧时、在行走万水千山时心灵的独白与对语，与这个世界作的教育的对语。

我是一个敏感的人，世界的一草一木，一阵雨一阵风都会给我带来对教育的感悟。我还写了三本诗集《柳袁照诗集》《星星降临》《流连》，第一本诗集跨度三年，第二本跨度四个月，第三本跨度一年。缘何暗藏了十几年的诗情又爆发了？说来也许有人不相信，其中一个原因是那年学生的高考失利。失利的原因是我们完全按照新课程方案，太天真，无比的压力、无比的忧郁，几乎把我摧毁，我又不能向任何人述说。于是，我就写诗，一个人在诗中倾述情感，以至那时的诗，写得朦胧、晦涩，读者会反映难懂、看不懂，几乎每一首都可能隐藏着一个无法言说的故事，不过却成就了一个所谓的"诗人

校长"。

真实的我，是一个多角色的人，是一个多元呈现的人，我常调侃自己是一个行走的边缘人。我力求在理性与感性中行走，在现实与理想中行走，也不否认有时在功利与超然之间行走。也许这是我的经历造成的，也是我的本性使然，在诸多的矛盾、冲突面前，我寻找折衷点，我因而常讥笑我自己不是一个"纯粹"的人。在改造校园的时候，我在园林与校园之间行走，日常教育工作中，在校长、语文老师、作家、诗人之间行走。

如今我聚焦在审美课堂

教育的行走与人生的行走，同样是有看不完的风景。走过十年，如今我聚焦在课堂，我认为学校的境界，更多的是体现在课堂上的。课堂既是学生成长的主要场所，也是教师自身发展的主要场所。我们构建新课堂，是构建新学校的基础。我们早已从着眼于校园转化到更关注课堂的阶段。

实现课堂的审美化，我提出两个层次：一是基于国家考试制度下的有效课堂，二是基于"诗性教育"的审美课堂。也许这是一种课堂改良，我是想在理想与现实之间找到平衡点。这两者能平衡吗？会是两张皮吗？我与我们的老师在做着艰苦的努力。没有理想光彩的课堂，是没有灵魂的课堂，仅仅着眼于理想，而忘掉了现实，超出了现实所能承受的度，无疑是疯子行为。最近一两年我们与上海、浙江的老师进行"同课异构"，即在不同的课改背景、高考背景、文化背景下研究好课的标准。在江苏看好的课，在上海不被推崇，相反，上海被认可的课，江浙会有异议。我们还先后与华师大、陕师大等高校及教学省级研究机构联合，开展语文、数学、物理、地理等学科的诗意课堂、审美课堂的教学研究，让美、诗意、文化回归课堂。最近，全江苏的数学特级教师云集我校，开展"诗化数学、诗意课堂、诗润心灵"活动，我以为是中学数学教育的回归——回归数学教育的本源。同样，不久在我校举行的全国"诗性教育"背景下的语文审美课堂研讨会，让我看到了语文课堂之美的曙光。我总认为课堂的最高境界是"直抵人心"的境界，是有思维品质的，是有方圆而又有想象的空间，如苏州园林在有限的空间营造无限的天地，能立足当下的土地又能实现无限的拓展。好课不是某些专家预设的标准，好课是不拘泥于形式的，或者说是超越形式的。给老师搭建平台，借梯登高望远，都收获到了很好的效果。更可贵的是对那种审美课堂的追求，即是对自然课堂、返璞归真课堂、天人合一课堂的追求，这已经成为老师们的自觉追求，2012 年我的校长述职报告，通篇都是讲的我们老师追求诗意的、审美的课堂的故事和案例。

校长与学校的关系，也是我这十年不断思考与反复思考的课题。我一直认为，校长领导学校、管理学校与经营学校是有区别的。我一直坚持对学校的价值引领，我一直以为一所学校的气质不在于校长具体做了什么，而在于校长是在倡导一种什么精神、营造一种什么样的氛围。我很少召开教师大会，也很少作报告，教师的各种会议，尽量开成研讨会、经验交流会，由老师去讲，介绍自己的做法，介绍自己的经验，不讲大道理，避免泛泛而谈，用案例说明问题，用案例引领。

学校发展到今天，所谓内涵的发展，就是课堂的改革、课程的改革。校长更多的作用，是领导课堂、发展学科，而且要言传身教。这几年，我坚持上语文课。在写作教学上，我坚持"诗性写作教学"，坚持叶圣陶的"以手写我心"、教师写下水作文；在诗歌阅读与写作教学中，坚持"浸润与体验"的主张，提倡"气韵流转"美学风格，鼓励老师们到我们中华民族的传统美学中寻找教改的出路。

我曾有一个愿望，说出来，大家也许要见笑，我希望在一个基层的学校、一个微观的领域，实现我们民族的、国家的教育理想。虽然，我所做的事情可能微不足道，但能与未来教育发展的方向保持一致。我希望在我们日常的学校教育中，力求回应时代交给我们的几个问题：一是办"灵与肉"完美结合的学校教育；二是学校教育要从教育的"制造"层面向教育的"创造"层面转变；三是要坚持文化自觉，既能"各美其美"，又能"美人之美"，在坚持本土化的同时，坚持教育的国际融合，能够接受整个人类的文明成果；四是坚持教育的返璞归真，即坚持教育的"绿色主义"主张，反对教育的奢侈化，办学条件贵族化，办学理念的泛滥，做实事，做好事。校长既要清楚地知道自己应该做什么，更要知道自己不该做什么；既对当下负责，更要对未来负责。

尽管清楚地知道，一个人的作用有限，一个学校的作用有限，但一定以毕生之力去努力，即使像唐·吉诃德，也必须像他那般去迎战巨大的风车。

2013 年 1 月 3 日

学校是美的

同样是一种攀越

——《我坐在窗前》后记

　　前几天，我与朋友去河南南阳的宝天曼——西汉时被称为"秋林峪"的地方。我们入山，在山里盘旋，到了宝天峡便贸然进入。开始不以为意，以为只是沿谷底走走而已，拾级而上，满山郁郁葱葱，走了数百米，就气喘吁吁。说是峡谷游，实则是沿山势不断向上攀登，几次小憩，几次以为即到山顶，然而峰回路转，俯首看看峡底，抬头看看岩顶，方悉旅途还未过半。终于到了一处山清水秀的平坦之处，放松下来小坐片刻，起步，拐弯，大家都惊了一身汗。只见栈道蜿蜒而上，直上千仞绝壁，前方的游人弯腰低首，一个个如挂身于崖壁之上。大家却步了，仰望，叹息，欲往回走。这时，我们的一个朋友站出来，突然向上攀去，大声喊着，"上吧，上吧！"，也不顾后面有没有人响应，快速地在悬空的栈道上攀越。无他法可想，所有人，只能起身随他而上。

　　我之所以讲这个经历，是感觉我们编写这本集子，正如那次爬山。站在垂立的万丈山崖壁上，脚下是栈道，栈道下是万丈深渊，如临空蹈虚。裸露的岩石，岩石上的奇树奇草，都像是岁月雕刻成的一幅幅苍老图画。树林开始变色，偶尔几棵或斑斓，或金黄，或透赤的树木夹杂其间，也有几棵孤立于崖上。泉水婉转，流过、漫过山坡，真是迷人。编写本书也有同样的感受，一个个诗人，一道道风景，不深入其中，不认真地去了解他们的生平背景，不认真地去研读他们的作品，不去比较分析，是领会不了其中的奥妙的。比如艾略特的《荒原》、帕斯的《太阳石》，洋洋洒洒，蕴含异常深刻，但玄奥晦涩，如同屈原的《离骚》一般，不下大的功夫去读行吗？正因为吃了苦，大汗淋漓，我们才能进入宝天曼原始森林般的诗情诗境之中。

爬山，一旦挑战了极限，即使在千仞崖壁上行走，也能轻抬步履，视栈道如通衢。越过了山顶，希望就在眼前，朋友们一个个都如换了个人似的，超越而去。原本犹豫的、为难的、想中途而退的，此刻都以自己的方式行走，如猛虎下山。我在本书的编著中，与老师们一起，选择了一些不同时代、不同文化、不同政治背景的诗人，作为研究与撰写的对象。写作的过程，既是我学习的过程，也是我对诗人及其诗作寻求表达的过程。我并不把它当作纯粹的诗歌赏析来做，我喜欢采用散文化的写作方式，于其中融入自己——自己的经验、情绪，唤起共鸣，从而体验并表达诗的内在的生命质感。我尽量这样做，享受了其中的快乐与美妙，就像攀越宝天曼，整个过程虽然艰苦，极端时近乎绝望，但当经历过这一切之后，感觉却不一样了。我相信，参与其中的老师们，一定会有与我同样的感受。

这本由郑静老师领衔编写的《诗林撷英》，是我们高中诗歌教育课程与教材建设中的一个项目（我们学校被江苏省教育厅批准为诗歌教育省高中重点课程基地），它与徐思源老师领衔编写的《诗海巡览》，同属一个系列。《诗林撷英》是诺贝尔奖获奖诗人与作品的一个泛览，是一个专题性的研究与推介，而《诗海巡览》视野更辽阔，在全球视野中把握诗潮，以作品为例，进行中外比较，两者是为互补。

自 1901 年诺贝尔文学奖颁奖以来，真正以诗人身份获奖的人并不多，且近几十年来有越来越少的趋势。有些人因为小说、戏剧等而获奖，比如梅特林克、帕斯捷尔纳克，前者以戏剧，后者以小说，但他们也写诗，且都是大诗人。本书收录的三十九位诺贝尔奖获得者的诗作，对我们来说，是一个庞大的世界，是覆盖着茂密森林的崇山峻岭。远远望去，巍峨苍茫，不可思议；

　　　　　　　　　　　　　　　　　　学校是美的

走近以后，才发现根本难以进入。森林原始，山峦起伏，闻得水声，但不知在何处，听得见鸟鸣，但不知在哪棵树上。编这本书，正是这样。如何寻找一条小径，从而能够迅捷地进入诗人与作品？

我们按获奖时间的先后来编排，为每一位诗人设立诗人简介、颁奖辞、获奖评语、答谢辞、作品选、品评赏析与思考等栏目。看似寻常，但作为一群中学语文教师，要做好这一切，无疑是具有难度的，无论是专业准备，还是学识涵养，都是欠缺的。正因为不够，这样做才对教师有牵引的意义——而事实也正是如此，我们为之感到欣喜。与另一本校本教材《诗海巡览》相呼应，我们曾经拟用《诗林撷英》作为书名，因此，开始落笔的时候，我自然想到了我不久前的这次旅程。走进宝天曼是一种攀越，作为本书的编者，于我而言这次同样也是一种攀越，另一种意义上的攀越。在文学的崇山峻岭中，在诺贝尔奖诗人的原始森林中，我们去体验，去采撷美丽的诗之花。当我们把书稿交给出版社的时候，本书编辑、诗人长岛建

其实，我还在原地，我从没有离开你。——《我正向你走来》

议我们用《我坐在窗前》，似乎更好。我们接受了他的建议，诺贝尔奖获奖诗人以及他们的诗，是一个博大的独特的世界，虽然，我们读了他们的一些作品，但是，离走近他们还是很远，我们只是远远地眺望—— 眺望他们那些无限美妙与神奇，神秘的诗之原、诗之海，用布罗茨基的诗句"我坐在窗前"来形容我们此刻的情形才更为恰当。

　　是为后记。

2013 年 9 月

　　　　　　　　　　　　　　　　　　　　学校是美的

《西花园的颂》序

　　为何用《西花园的颂》作为书名？因为西花园是我们的校园，人们往往都会以西花园来代称我们的学校。"颂"在此又是何意呢？那就得从《诗经》说起，《诗经》的文章分为"风、雅、颂"三类。"风"是民歌，"颂"是宗庙祭祀的舞曲歌辞。最近，我们学校出了一套丛书，即《西花园的风》《西花园的雅》《西花园的颂》，分别是我们学校老师的诗集、散文集和教育随笔集，借用《诗经》的"风、雅、颂"冠之，我们是有自己的寓意的：这是一个有诗意的校园，诗意的日常校园孕育或唤醒了我们老师的诗情，我们以自己的歌，以自己的文，感恩历史，感恩文化，感恩前辈，以及感恩我们自己的教育生活。

　　我对丛书中的每一篇随笔都充满了情感。老师们写完的时候，我读它们，现在汇集成书的时候，我再一次阅读它们——对我来说，这是一次愉悦的情感之旅。最早写下这些随笔的老师，现在已经踏上了中年的旅程，但他们把自己的那一段最宝贵的经历，以最美丽的绽放方式，留在了永不磨灭的校史上了。我们学校有这样的优良"传统"——入校一年期、三年期的老师，写一份教育随笔。值得称道的不在于有这个"传统"，而在于老师们把它看得神圣——在这个时刻，倾诉他们自己的感悟，清点他们自己在这个校园留下的脚步——所有的情感与理想，都包含在那一篇篇沉甸甸的文字之中。这十多年来，每年的秋季，校园里金桂花、银桂花盛开的时候，我都会为之感动。借此机会，我想说说我们的年轻教师的故事。

我曾做了三年的 2012 届 7 班的副班主任，那是我当校长以来最美好的经历之一。班主任是梁彩英老师，她带着我进入这个 7 班——进入同学们的喜、怒、哀、乐，丰富了我的校长生活。十年前，第一次见到梁老师，是在她办公室，很晚了，她一个人还在电脑前，我下班前巡视学校，走到了那儿，因为我刚到不久，对老师也不熟悉，我们开始了第一次交谈。她腼腆羞涩，问一句，答一句。几天以后，她的一篇《一路上有你》让我眼睛一亮，"一路上有你"，这个"你"，是谁呢？读完全文，才知道原来是学生："学生——推我不断向前的动力"。几年以后，她干得很出色，所在的年级部沈主任找我，竭力向我推荐她，说她做事细腻、踏实，是一个有管理潜力的人。如今，她已是一位成熟的老师了，主持着学校学生处的工作，近年来屡次在全国班主任与德育会议或论坛上作交流发言，望着她年轻的身影，真切地感觉到一棵小树在西花园成长起来了。

　　杨丽老师是一个有个性的人。有一年，大约六七年前，语文统考，成绩令我不满意，我把备课组的老师都叫过来，严厉地批评他们。除她之外，所有的语文老师都不敢作声，沉默地倾听。我说完了，杨丽讲话了，她据理力争，一一阐述自己及整个备课组的教学与复习策略，我被她说得一时接不上话，当时既有些恼怒，又有些欣喜：什么是质朴、本真的老师？这不就是吗？从此，她进入了我格外关注的视野。后来有一次，学校召开班主任经验交流会，她上台发言，她说："每当想到再过七个月这些高三同学就要离开学校的时候，心里总有不舍，为此，我还为他们写了小诗。"她的话还没有说完，眼泪就流了出来，"那是多真实的情感流露！"这两件事，给我的印象很深，既耿直又柔软的为人之师的品性，不正是我们学校年轻教师的缩影吗？

　　物理老师程之颖，是一个擅长利用学科背景做教育的老师。有一次在学校教育研讨会上，他用"量子纠缠态"的物理现象，来讲师生之间如何默契，几乎到了能心灵感应的地步。他头脑里正想着班级下阶段该怎么做的时候，同学们已经这样做出来了。其实，他于我也是这样。有一年，高三临近高考，

　　　　　　　　　　　　　　　　　学校是美的

那里充满阳光，一草一木，都充满着昂扬的生命力。

我心里想着该有激励举措，还没有说出口，他就来找我了，说是要拍一个片子，请我给毕业班的同学说说鼓励的话，正合我意。这个视频做好了，被同学挂在了人人网上，毕业班的同学在观看，非毕业班的同学也在观看，甚至那些国内外的校友也都在观看，一时成为热谈。片子里所有的人都在祝福，老师、家长、学哥学姐、学弟学妹，还有保安、打扫卫生的阿姨、为他们送盒饭的师傅。作为校长，我的采访出现在并不显著的位置。整个视频，充满亲切、亲情，真诚而平等，自然又质朴，得学校文化精神之真谛。

有一位女生，恕我隐去她的姓名，浑身肌肉萎缩，不能行走，不能挺直坐着，瘦小，如同一个四五岁的孩子。六年前，她报考我们的振华初中，是收她，还是拒绝她？关乎职业道德。后来录取了她，在校六年，没有受到同学们任何歧视，她坚韧，顽强，学得勤奋，反而成为激励大家的标杆。我永远不会忘记：学校运动会入场式上，青年班主任朱嘉隽推着一辆小推车，走在班级的最前面，然后是班级的整齐方队，年年如此，是那样的神圣啊。今年六月，临别的时刻终于要到了，班级拍毕业照，在西花园的草地上，我看到青年任课教师钱懿泠小心翼翼地抱着她，如抱着自己的孩子，班上同学簇拥着，前后左右呵护着，那个场景能让人们的心瞬间柔软。

我们的校园，每时每刻都洋溢着爱与感恩的气息。正如 2003 年大学毕业的包惟华在她的随笔中所说："我是一个有追求的人。大学期间，每每被人问及从哪个高中毕业的时候，我都会骄傲地告诉他们：苏州十中，并将学校的悠久历史和被文化浸润的美丽校园描述一番。然而，我的心中仍有小小的愿望，如果这所求学的圣地能走出更多更优秀的人才，那么我们会备感骄傲和自豪。所以，我选择了回来，选择了默默在这块土地上耕耘。"

我们大家何尝不是这样？我也是从这所学校毕业又回来的人，我感恩这个校园里的一切，包括这里所有的年轻老师。我清楚地记得，刚到这个园子不久，心急，万事都想早办好。一天，为了一件事生闷气，就坐在办公室里看随笔，上文提到的梁彩英、程之颖等人的文章也在其中（其中还有振华学校的几个老师，虽然三年前与母校脱离了，但对他们我仍心存感激）。看着看着，一下子高兴起来了，那些案例真好——朴实、纯真，我为他们的所说所想所感动。年终的校长述职报告，受此启发，题目就是《心怀感恩》。我在述职中讲了这件事，我说在这个学校，要感恩每一天，感恩每一位老师，包括年轻老师。正逢《人民教育》杂志记者来采访，得悉后，刊用了全文，这是我当校长以后发表的第一篇教育文章。

教师的教育随笔给我带来许多灵感。比如十年前，我读庄颖的文章就是这样。她写课堂的"真水无香"，这篇随笔放在我办公桌上整整一年，感觉说得很有道理，时常品味。第二年，她又写了这个题目，这次不仅是她一个人写《真水无香》，其他几个老师也在谈这个话题。当时，我们正在致力于学校文化建设，需要对学校文化精神有一个准确的表述，一直在琢磨——突然顿悟："真水无香"，不就是百年来的学校文化精髓吗？它是优秀的传统，需要我们去弘扬。如今，"真水无香""质朴大气"与"倾听天籁"，共同成为学校文化精神的内涵，所呈现的鲜明个性，能被全国许多同行赞誉，其中就有庄颖老师的贡献。

学校的发展离开了教师的成长，就不会有意义。什么是成长？假如可以以一棵树作比的话，那成长就是从栽下到枝叶茂盛的过程。这部书，就是这个过程的记录——虽然只是年轻教师们最初三年的记录，却展示了他们最初的那种昂扬向上的状态：稚嫩而倔强，无限最美妙。这是一本倾注了我们大家共同的情感、充满感恩与爱的书，对作者来说，是这样；对读者来说，也是这样。我为之感动，内心曾被融化，并激励着我诗意地做老师、校长。西花园是我们的美丽校园，是师生生命自由、快乐成长的地方，那里充满阳光，一草一木，都充满着昂扬的生命力——我们大家都在那里受到上苍的幸福恩赐，让我们双手合十，表达虔诚之意：对她唯有感激，唯有感恩。

是为序。

2013 年 10 月 3 日

《西花园的雅》后记

编一本在职教师散文集的愿望由来已久，语文组的滕柏、袁佳老师花了一个暑期的时间，终于编撰完成，可喜可贺。原不想再说什么了，老前辈秦兆基先生也欣然作序。不过，定了书名之后，却突然心血来潮，又想说点什么，于是，我愿意为此书写一个后记。

为何用此书名，我曾在《〈西花园的颂〉后记》作了交代，《西花园的雅》《西花园的颂》是一个系列，要结合起来读才更明白，何况秦先生已在序中引经据典，作了深入浅出的阐述，不再赘述。在此，我只是再讲讲为何要鼓励编者编撰此书。

教育是什么？最简单的问题，往往是最不能解答的。我们每天都在做教育的工作，但是我们能不借助字典、词典等工具书，个性化地作出即席的诠释吗？都能结合自己的日常教育生活，作出我们自己独到的阐述吗？

日前，教育部中学校长培训中心第六期全国优秀中学校长高级研究班，在培训中心主任代蕊华、副主任刘丽莉带领下，来到我们学校。作为学兄，我与他们做了交流，开首我就提出这个问题，引起了大家的共鸣。我们确实是需要静下心来，认真思考了。我一直很赞赏泰戈尔的一句话："教育是为人类传递生命的气息。"教育所做的一切，都是为了人的生命成长，为了人类生命的延续，如今，我们学校教育所做的一切，都在"生命意义"上吗？

我曾把教育比作一泓清泉，在天地间，清澈、自由而欢快地流动，因为

学校是美的

这样的流动，能激起师生生命的澎湃。在一个时刻充满生命气息的校园里，让孩子们带着自己的纯美天性欢快地成长与舒展。

教师如何发展？对当下提烂了的"教师专业发展"这个概念，我颇有想法。它本身没有错，自有其丰富的内涵，只是与"有效教学"一样，在实际的工作中被我们异化了、窄化了，成为学校与教师个体追逐"高分"的工具。教师发展，本质上是教师的生命成长，"教师与学生共同发展""教师在发展学生的过程中发展自己"等理念，都是值得肯定的。教师的专业素质固然重要，但是什么更重要呢？

现在，每一所学校、每一个校长、每一个老师，都在提培养创新人才。创新人才的本质特征是什么？与日常的学校教育是什么关系？与教师的素质、素养是什么关系？原创精神、原创能力、原创素养十分重要，我们日常的学校教育与课堂教学，对此都给予充分的关注了吗？教师对此是如何保护与挖掘的？一个只会在技术层面做教育的人，如何还能保持自身的原创品性？丢失了原创精神的教师，如何还能以自己的原创精神去影响学生的原创精神？

要做真的教育，不做伪教育、假教育。何为真教育？就是一种真正生命成长意义上的教育，是一种完整的教育。这种完整的教育，第一不可缺的就是能保护与提升孩子们的原创品质。同样，要让我们的教师都能成为一个真教师，不是做伪教师、假教师。最近，苏州提出"像叶圣陶那样做教师"，我曾写过一文《也谈像叶圣陶那样做老师》，表达了我的观点。像叶圣陶那样做老师，绝不是一句时尚的教育口号，而是预示着对中华优秀文化传统的直面回归。像叶圣陶那样做老师，并不仅仅是指只学叶圣陶一个人，而是意味着回归以叶圣陶为代表的那代人的传统；也不仅仅只指他们那辈人，而是意味着回归以叶圣陶那辈人为代表的整个优秀的民族的文化教育传统。

那么，我们民族的优良传统是什么呢？叶圣陶是如何做老师的呢？叶圣陶绝不会只以分数、考试为重，仅把学生当作容器，也不会把老师的教育，当作往容器里装东西的一道工序。他也没有像今天这样为了评职称，而写了那么多与教育并没有多大关系的论文，也没有按照一些专家坐在办公室里预设的教学情景，如演戏一样去获得评优课的奖项。他把孩子当作真正的人，把课堂当作他们生命成长的肥沃田野。叶圣陶把语文教学与文学创作结合起来，打通了课堂与文学殿堂的通道，从而成为近现代教育史上、文学史上都占有一席之地的人。由教育行政部门提出这一要求，预示着在当下学校实际运行的教育价值观将受到挑战。

《西花园的雅》是一本我们老师，主要是语文老师创作的散文作品集，与作家专业水准相比，还稚嫩、不成熟，但都出自内心，是老师们在对生活、对生命真诚体验之后、沉淀之后的本真表达。与《西花园的风》《西花园的颂》一起的三本集子，或诗歌，或散文，或教育随笔，都是原创性作品。鼓励老师，特别是语文老师，一边教书，一边创作，意义不限于写出的作品本身，更在于这样做所焕发的价值。对一个老师来说，学识固然重要，但是他们的情怀、他们的涵养，以及他们的感悟、体验等能力，将直接影响到他们的创造与创新能力的提升。

我曾对老师说："现在的教师管理、评价制度，我们没有能力去否定，但我们可以在这个框架内最大限度地做我们内心想做的事情。"老师晋级需要论文，需要评优课，需要老师分数，但实际学校教育生活中，教师写的那些论文，很少与实际的教育教学相关，有些是无用的，是空谈。那些公开课、评优课与日常课堂教学相距甚远。那些考试成绩的背后，浪费了师生多少时间，牺牲了师生多少健康？为了自身的"制度性发展"，需要做，只能做，但是我们不能仅仅只做这些。当我们获得了相应的晋级之后，可以抛弃论文、评优课，多做一些能以自己情怀影响孩子们的情怀，以自己的原创性保护孩子们原创性的事情。而文学写作，像叶圣陶那样教书写作，肯定在未来社会肯定之列。这话是不是说得有些绝对？可我还是要说，这些谬误，还敬请有识之士斧正。

是为后记。

2013 年 10 月 9 日

在一个时刻充满生命气息的校园里，让孩子们带着自己的纯美天性欢快地生长与舒展。

归彼大荒

——中学生校园诗歌现状及思考

这是一个千载难逢的机会，我能在这里发言，在中国近现代史上最伟大的中学之一的福州一中发言，是我的荣幸。我对福州一中仰慕已久，六年前，北大钱理群教授曾到我们学校来，他说，他走过了许许多多学校，只有一所学校不功利——福州一中，高考不奖励。在整个中国教育相对现实、相对功利的背景下，福州一中能这样做，岂不是茫茫暗夜的海上一盏明亮的灯火？三生有幸，四年前，我与福州一中的李迅校长成为某个校长研究班的同学，更是知道了许多福州一中可以跪地聆听的历史与动人的故事：林觉民、邓拓，那是天地间挺立的凛凛然的大丈夫。还有与林觉民、邓拓有些关系的林徽因、梁遇春，他们都是诗穹上熠熠生辉的人。在这样的学校发言，让我倍觉温暖——感觉也有一团火，在我心上燃烧——这是何等的荣耀啊！

我特别要说说梁遇春。他是这个校园的骄傲，也是中华文学史上的骄傲。虽然生命短暂，只有短短的二十七年，但正如他给徐志摩的悼文中所写的那个吻火者，一个率性而为的吻火者，在暗黑的天地间从容起舞。他曾在《观火》中说："我们的生活也该像火焰这样无拘无束，顺着自己的意志狂奔，才会有生气，有趣味。我们的精神真该如火焰一般地飘忽莫定，只受里面的热力的指挥，冲倒习俗，成见，道德种种的藩篱，一直恣意下去，任情飞舞，才会迸出火花，幻出五色的美焰。"在梁遇春的校园，有着梁遇春般情怀的校园，举办"海峡听潮"全国中学生诗会，那是何等的不同凡响？"海峡"是一个地理概念，更可以看作一个文化概念。听潮，一个观赏自然风景的行为，更可以当作一次文化的、历史的、思想的、情感的行旅。

我曾读到一个关于壁虎的故事，相信许多人也一定听过。有一个人为了装修房子，拆开了墙，发现在一个空隙有一只壁虎被困在那里，一根从外面钉进来的钉子，钉住了那只壁虎的腿。那人见状，仔细观察，天啊，那根钉子竟是十年前盖那房子时钉下的。怎么回事？壁虎竟困在墙壁里活了整整十年！在黑暗中的墙壁里趴十年，真可怜，继而他寻思：壁虎的腿被钉住了，一步也不能动，到底靠什么撑过了这十年？于是，他继续察看，这时，不知从哪里又钻出来一只壁虎，嘴里含着食物。他愣住了，多动人的情形啊！为了这只壁虎，另一只壁虎竟一直不停不息地衔取食物喂它，整整十年。这个故事，是一个爱情故事。相由心生，我在这里说它，是想说说当下的学校教育，与当下的诗歌、诗情、诗意，以及它们之间的关系。我想说，当下的学校教育，有点像那只被钉子钉住腿的壁虎，而校园仅存的有限的诗歌氛围——顽强地生存的诗情、诗意，就是那一直不停不息地衔取食物喂它的另一只壁虎。或者说，我们是那只被钉住腿的壁虎，而福州一中是另一只不停不息喂养我们的壁虎，至少，我们的语文前辈、主持人陈日亮先生是，李迅校长是。

为此，我讲一讲我与李迅校长曾发生过的一次短信"交锋"。那是两年前，高考结束，江苏高考作文有满分的考生。一家晚报刊用了四篇所谓的满分作文，第二天舆论哗然，读者发现其中有三篇是抄袭的。李校长给我发来了短信，他说："江苏的老师都是不读书的？"言下之意是，这些满分抄袭之作，都是名家名篇，连这个都没有看出来，水平太差了。我即回复，说："是啊，不过，江苏的老师虽然不读书，但还是识货的。"我的言下之意是，虽然我们不读书，但是我们还看得懂文章的好坏，会给好文章满分。这是我与李校长之间的调侃，调侃之余，引人深思。难道这只是一个地区的问题吗？被刊登出来的抄袭之作被发现了，那些没有被刊登的大量的抄袭之作，有的是全文抄袭，有的是局部抄袭，没能被发现，三十年来，都躺在档案室里。那不是事实吗？

我曾经邀请北京大学的曹文轩教授到我们学校，与同学们面对面进行对话。曹文轩是著名的童话大家，作品深受少年儿童喜欢。我们同学问他，如何写好高考作文？他说，他小孩高考，他让孩子准备七篇文章，果然获得了高分。我们同学再问他，是如何的七篇，他笑着回答道：这个就不能说了。我一直在揣摩这七篇文章，是七篇什么样的文章？竟可以对付任何的考题？也许是七种类型的文章吧，也许是曹文轩亲自为小孩量身定做的，让小孩去对付，去进行文本转换。

以上两个例子，是不是很有典型性？是不是很能说明问题？大家有没有发现一个规律：高考作文题目，无论什么题型，无论什么题目，有一个作文要求是不变的：体裁不限，诗歌除外。这个小小的细节，带来的是什么影响？什么后果？大家都知道"蝴蝶效应"吧。科学家爱德华·罗伦兹于1963年在一篇提交给纽约科学院的论文中，分析了这个效应。"一只海鸥扇动翅膀，足以改变天气变化。"这以后，他把海鸥换成了蝴蝶，因为蝴蝶更富有诗意："一只南美洲亚马逊河流域热带雨林中的蝴蝶，偶尔扇动几下翅膀，两周以后，可以引起美国德克萨斯州的一场龙卷风。"科学的解释是，蝴蝶扇动翅膀的运动，导致其身边的空气系统发生变化，并产生微弱的气流，而微弱气流的产生，又会引起四周空气或其他系统产生相应的变化，由此引起一个连锁反应，最终导致其他系统的极大变化：不起眼的一个小动作，却能引起一连串的巨大反应。

在一个以考试引导学校教育教学的现实生活中，高考不考诗歌，高考排斥诗歌，有多少人还会重视诗歌、写作诗歌呢？学校不写诗歌会产生什么结果？这个"蝴蝶效应"我们大家有没有想一想呢？学校功利，与语文的作文考试不准写诗难道没有关系吗？社会功利，难道与我们的学校教育功利没有关系吗？

英国作家塞缪尔·期迈尔斯曾在《自己拯救自己》一文中讲了一个故事，我们不妨听一下。他说：在阿尔及尔地区，卡比尔农民在树上系一个葫芦，里面装一些大米。葫芦的上方有一个小口，刚好可以让猴子的爪子伸进去。晚上，猴子就来到树下，把爪子伸进葫芦，抓起一把大米。当它想要把爪子抽出来的时候，却发现卡住了。可怜的猴子怎么也脱不了身，它不知道松开爪子里的大米就可以出来，一直等到第二天早上，结果就被抓住了。直到这时它也不清楚到底是怎么回事，只是爪子里仍紧紧攥着那把大米。这个故事，各有各的感悟，我在这里引用，也能说明我的问题：那把大米，就是高考，就是高考的分数。故事中，为了这把大米，猴子不松手；现实的教育中，为了高考的分数，老师、家长、同学也不放手。为了这一点点小利，丢掉了根本的东西。

莫言去年获得了诺贝尔文学奖，国人欢喜，学校欢欣。但是我们追问了他的学习经历了吗？他小学三年级开始就辍学了，自由阅读小说，散文，甚至字典。莫言获奖以后，许多有识之士纷纷表示，莫言获奖当之无愧，不过大家又说，还有很多的作家也很优秀，也能获奖。假如这是真的，我不禁要问：瑞典文学院为何不给一个接受过我们当下学堂正规教育的其他作家颁奖？为何给一个没有经过学校严格教育的莫言颁奖？这是有用意的吗？我与我们学校的老师最近在研究诺贝尔奖获奖诗人，研究他们的经历，研究他们的作品，研究他们的获奖。为此，我们正在出一本书作为学生的课外读物。做完这件事，我有一个感觉，诺贝尔文学奖是有政治倾向性的，有些人因为政治与意识形态的原因获奖了，有的却因为政治与意识形态而没有获奖。尽管如此，我仍相信，莫言的获奖超越了这一切。我读了莫言的作品，读了他的小说《丰乳肥臀》，写"我"的感受，通过"我"的眼睛来叙述故事：我有八个姐姐，我的八个姐姐都是我的母亲与八个不同的男人生的，我生下来就有一个欲望：抚摸我八个姐姐的乳房。人与故事都很原始，荒诞而真实，一种说不清道不明的气息弥散在书里。读了以后，这种气息就弥散在读者的心里。这是一部什么小说？我没有去看评论。我的阅读直觉告诉我，这是一部原创性很强的小说，强到满目都是开天辟地的那种荒芜。我又在想，假如这是一部我们学校师生的作品，出版前让我提意见。我一定会说，唉，这么庞杂，快去先把思路理理清。假如，被我理清了思路以后，还会有《丰乳肥臀》吗？还会有莫言吗？由此，我们不妨再继续追问：假如，莫言也经过了我们今天这样十五年的严格的基础教育学习，还会是作家吗？莫言身上与他的小说中，还能保留那些说不清道不明的原创品质吗？还会获奖吗？

莫言写小说，他的获奖主要是因为他的小说。为什么不是因为他的诗呢？中国是一个诗的王国，第一个中国人获奖，却不是诗人，我总感到遗憾。我读过莫言的诗，以我的标准，我们在座的许多师生也许都可以达到这个层面，这是一个遗憾还是欣慰呢？

李迅校长要我在这个场合，说说我们当下中学生校园诗的现状，我可以直接告诉大家，许多中学师生的诗歌已经接近、达到或超越了莫言诗的水准与境界。比如，福州第一中学高一（11）班林心悦写的那首《你唱起我遗忘的歌谣》就写得很好，我们曾推荐在《星星》诗刊上发表：流浪的飞鸟重复歌谣，柔软的歌谣里头唱道——山脉的肩膀可以依靠，河流的眼睛会微笑。迷失的孩子回头吧回头，回家的道路在你身后。向你的故乡一直行走，故乡的歌谣将你护佑。这首民谣体诗歌，真的不比莫言的差。

中国有一句名言：取乎上得乎中，取乎中得乎下，取乎下，无所得矣。我们读诗、写诗，都要有"取乎上"的眼光。不要迷信评奖、得奖，寻找那些最好的、最优秀的。比如，在座的郑愁予先生，他的诗才是我们的"标准"。我以为郑先生的诗，有一种让人内心颤动、柔软的古典美，这种美是有些忧郁、有些禅意、有些洒脱，又不是无尽的古典，既得古典的优秀传统文化的精髓，又从骨子里散发出现代人的思维与情感。今天，我们大家能够面对面与郑先生一起交流，真是福分。大陆、香港都曾在教材中选用郑先生的

学校是美的

《错误》，滋润孩子们的心灵："我打江南走过／那等在季节里的容颜如莲花的开落"，这原本是一首爱情诗吧，我今天何尝不可以理解为校园里诗情诗意的等待？我们都等在季节里，"我达达的马蹄是美丽的错误／我不是归人，是个过客……"郑先生，你今天来了，你"达达的马蹄"绝不是一个美丽的错误：你是归人，你带来了这个时代的诗意；你绝不是过客，你的诗意，留在我们大家的心底了——你是我们这个时代诗的故园的归人。

郑愁予先生的诗，是有情怀的诗。读他的诗能让我们日常的生活更美好。今年八月中秋，我就是读他的诗度过的。我写下了《中秋琐记》，其中有一段：

吃罢晚餐，我靠在沙发上看书，拿了一本台湾诗人郑愁予的诗集。我很喜欢他的诗句，有古典的气息，写得很美，也有佛味禅意，让人静心静意。这个晚上，我读了两首，一首是《梵音》，另一首是《雨丝》。我想起两年前的经历。我去了西藏阿里，那个海拔五千多米的高原。那一天，我们从札达到普兰，天边还挂着月亮的黎明之前就上路了。一路上，茫茫荒原，云彩在满是月色的山头翻滚，也在我们脚下翻滚。我们看到了圣湖玛旁雍错，也看到了神山冈仁波齐。在雾气浓重的艰难的路途上，三三两两黧黑的藏民、尼泊尔人、印度人，有的磕着长头前行。读《梵音》就该在这样的背景下，"云游了三千岁月／终将云履脱在最西的峰上"，这最西的峰，最好就是神山冈仁波齐。人生是一场旅行，不到阿里，怎么能说是"云游"？"而门掩着／兽环有指音错落／是谁归来在前阶／是谁沿着每颗星托钵归来"。我们到了普兰的科迦寺，凡到神山朝拜，总要到科迦寺来进香，才算圆满。孔雀河在寺外流淌，鲜花在寺院内盛开。站在嘎加康殿那扇著名的门框前，我迟疑了。默默地退出，一个人绕寺院内一周，然后，坐在远处的一块石头上，望着科迦寺，望着孔雀河两岸的民居，望着荒凉的山崖，望着山头上飘动的云彩，有一种无法言说的情感在内心充盈着。汽车又行驶在路上了，又到了已满是月光的时辰。饥肠早就辘辘，这苍凉的地方，哪里去寻找店铺？可一路上的风景，需要我尽情地享受，已顾不了饥渴，总希望这条路一直走下去。在这条路上，现在想想，那个时候假如能朗诵郑愁予的《雨丝》，是最有味道了，"我们底恋啊，像雨丝／在星斗与星斗间的路上，／我们底车舆是无声的。／曾嬉戏于透明的大森林，／曾濯足于无水的小溪，／那是，挤满着莲叶灯的河床啊，／是有牵牛和鹊桥的故事遗落在那里的……"可惜，许多事情，等过了才明白。

一个诗人的诗，读过了，能让人在风景中产生联想，一定是给人美感、给人启迪、给人幸福感的诗；假如，在日常生活中还使人产生联想，那更是以情怀感染情怀的天籁之作。

情怀这东西，太宝贵了，在现实中成为珍稀"物种"。校园也不例外，校园的情怀被社会的功利吞噬。为了校园的情怀，为了我们同学的情怀，我们今天又聚集在一起，是一种抗争，也是一种坚守，更是一种追寻。还是要感谢李迅校长，他是最早建议举办全国中学生诗会的人之一。当时，有一个想法，举办一个纯粹的中学生诗会，不评奖，不搞三六九等。奥赛太多了，往往被学校、家长蒙上极功利的色彩。这个设想得到全国许多同仁的响应，经过大家的努力，如今已经坚持了三年。大家有没有听说过这么一个故事，题目叫《取悦自己》：曾有一个人，他写了不少的诗，发表的却很少，也很少得奖，为此很苦恼。他有位朋友，是位禅师。这人向禅师说了自己的苦恼。禅师笑了，指着窗外一株茂盛的植物说："你看，那是什么花？"这人看了一眼植物说："夜来香。"禅师说："对，这夜来香只在夜晚开放，所以大家才叫它夜来香。那你知道，夜来香为什么不在白天开花，而在夜晚开花呢？"这人看了看禅师，摇摇头。禅师笑着说："夜晚开花，并无人注意，它开花，只为了取悦自己！"这人吃了一惊："取悦自己？"禅师又笑道："白天开放的花，许

　　　　　　　　　　　学校是美的

多都是为了引人注目。而这夜来香，在无人欣赏的情况下，依然开放自己，芳香自己，一个人，难道还不如一种植物？"禅师接着说："许多人所做的一切，往往都是在做给别人看，仿佛只有这样才能快乐起来。其实，许多时候，我们应该为自己做事。"于是，这人连连点头，他似乎懂了。禅师笑着继续又说："一个人，只有取悦自己，才能不放弃自己。只要取悦了自己，也就提升了自己；只要取悦了自己，才能影响他人。要知道，夜来香虽然夜晚开放，可我们许多人，却都是枕着它的芳香入梦的啊！"这个故事的"取悦自己"，我以为，说得对也说得不对。不过，那种彻底地丢弃了功利色彩快乐地自我绽放的境界，却是我们学校教育所向往的。

最近，我写了一首小诗，可以表达我此刻的心情。《爱》："或许，我到不了那片草原／也到不了那座森林／只要有一个夜晚／或任何一个季节的任何一个时辰／我在路上／只要听到／你真诚的／没有一点点掩饰的／呼唤我的声音"。

现在，我似乎听到了这个声音。这个声音，其实是在提出与解答下述这些严肃的问题：今天，我们为什么坐在这里？校园不写诗的"蝴蝶效应"在哪里？今天教育的功利除了表现在学校，还表现在什么地方？丢失的教育的终极价值怎么去找寻？我们为什么邀请郑愁予先生来这里？他的诗给我们什么启示？我们知道孙绍振先生对当下大陆诗歌、大陆教育所做的贡献吗？他

恰同学少年，风华正茂，未来种种，尽在手中。

把诗歌的创作与评论，把文学与教育融合在一起，把大学与中学的教育融合在一起，他是叶圣陶般的学者和作家。教育是什么？我们不查教科书，都能个性化地结合我们活生生的实践作出我们发自心底的阐释吗？——如诗如画的阐释，作画写诗般的阐释。是啊，中学生诗人的盛会——心的盛会。那种真诚的，没有一点点掩饰的、呼唤我们的声音，是天籁。从诗会上传来，更从遥远的地平线传来——那是从大荒深处传来的声音，经过熙熙攘攘的世俗世界，带着我们的体温——我们的困惑、苦闷、追求与欣喜，返璞归真，仍旧向地平线传去——教育回归本源，人心回归本源。

今天，我发言的题目是《归彼大荒》。所谓"归彼大荒"，正是回归本源的意思。这是我自己定的题目。本届组织者，即福州一中给我出的题目是《中学生校园诗歌现状及思考》，我斗胆地用作了副标题，我力求把两者结合起来。在我的叙事化阐述中，希望能形象地说清楚当下中学校园诗歌的复杂现状，并夹杂着我的只言片语的思考。为何用"归彼大荒"？缘起是在上月二十二日，我参加了曹雪芹逝世二百五十周年纪念活动，活动在北京香山黄叶村曹雪芹故居前举行。那故居是曹雪芹在自己生命的最后十年中写作《红楼梦》的地方，老榆树、茅屋、古井、雕楼，一切都从黄昏融入黑夜。一个词，瞬间跳了出来——归彼大荒。多丰富的词语，多丰富的内涵！而此刻，我站在这里，突然这个感觉又来了——归彼大荒，那是真正的世界，无穷无尽的世界。我们的教育与诗歌，文学与人的成长，有无数的奥秘在那里蕴藏，它召唤着我们向前走去。

2013 年 10 月 26 日

于福州一中，全国第三届中学生诗会上

学校是美的

我们是在什么样的地方生长？

对我来说，来到中原，无疑来到祖宗之地。这里的一草一木，都有灵性。以匍匐的姿态行走，也不为过。"黄河诗韵"第四届全国中学生诗会，今天在这里举行，大而言之，在中原，最早的"中国"称谓之地举行；小而言之，在郑州外国语学校举行。郑州外国语学校，有着五千年的中华文化的底蕴——这种灿烂的、奔腾咆哮的黄河呼喊般的文化底蕴，成为今天我们诗会的背景，何其有幸！从苏州水乡中的小巷出发，到了北京泱泱首都，到了福州海峡之畔，诗会一路载诗载歌，现在，到了这里——"黄河诗韵"的现场，从某种意义上说，是一种回归——中华的诗性文化、诗性精神的回归。

同样，从某种程度上说，郑州外国语学校是我们全国中学生诗会的发祥地之一。我最早听到郑外这所学校名字的时候，是在六年前。六年前春天的一个早晨，在上海华东师范大学的校园里，阳光既温暖又柔和地从一个窗口，照到我们教育部中学校长培训中心举办的全国首期优秀中学校长高级研究班的教室里。毛杰，当时的郑外校长，今天的郑州市教育局局长，正在阐述她的办学理念与介绍她的学校。她说，我们"要办阳光下的教育"。她说，我们要培养具有"本土情怀与国际视野的学生"，那是她的教育之梦，也是郑外的教育之梦。后来，我们来到这里，果然，这是一所阳光下的学校；果然，这里的老师与学生有着不一样的情怀与视野。直觉告诉我们，郑外是一所理想的学校。再后来，毛校长等提议：我们要举办"全国中学生校园诗会"。对教育来说，这一小小的举动，或许就是一个伟大的诗歌重归校园的开始，对未来来说，或许这将成为教育一个新的发展节点的象征。我们的诗会，与其他的学校活动不一样，我们只抒发情怀，带着情怀走来，我们又带着情怀离去——纯纯粹粹，如一泓清流。

今天，我代表全国参与今天诗会的学校上台致辞，我用的题目是《我们是在什么样的地方生长？》我问了一个问题，是自问，也是向今天的诗会提出的一个问题。生命的幸运，是看他们能不能遇到一个让他们自由自在、幸福、快乐生长或成长的地方。现在我们是在什么地方生长或成长？我问的一个问题其实蕴含着两个问题：我们在什么地方？我们又是怎么生长的？换一句话说，就是问我们学校的现实状况与师生的日常状况。我们都拥有情怀与视野吗？我们的校园与课堂都在阳光下吗？

前不久，毛局长问我：你以为好老师与好学生的标准是什么？当时，我似乎回答了又似乎没有回答。好老师、好学生有绝对的标准吗？她的提问启发了我，这几天我一直在思考，假如有标准，当下对我们来说，是哪些？一个老师，除了党和国家提出的要求之外，情怀、担当精神、原创品行、视野，是应该要具备的。而一个好学生，同样，除了党和国家提出的要求之外，情怀、担当精神、原创品行、视野，是应该具备的。我一直认为，好老师与好学生是有联系的，没有好老师很难出好学生。很简单，能够造就好老师与好学生的教育就是好学校、好教育。一个冷漠的、功利的、没有阳光，只有风雨、严寒的地方，或校园，或课堂，或我们的内心，又能让我们的生活与生命，以及社会的、时代的生活与生命都美妙、美好起来吗？

是啊，我们举办全国中学生诗会，正是希望能让我们生长的地方首先美妙与美好起来。进而，我们师生的成长在这样的地方更加美妙与美好起来。我们每天每时每刻，看到的、遇到的、触摸到的事物，都能是风景，是能够让我们愉悦、幸福起来的风景。我们能不能看得到风景，关键在于我们心中有没有风景。心中有风景的人，或许就是有情怀的人。郑外的老师说，郑外

　　　　　　　　学校是美的

的孩子要有本土情怀，就是说，他们都深深爱着自己的故乡，以及生活、生存在故乡土地上的父母、老师、亲人、朋友，并能为之发奋、奉献。本土情怀，像一棵树，高大、葱茏。是能够担当的，能承受阳光，也能承受风雨。阳光与风雨对有情怀的人来说，都可能是诗意。一个狭隘的、麻木的、平庸的人会有诗意吗？有诗意，意味着能够现实地，也能浪漫地对待社会、教育、生活、生命，以及社会、教育、生活、生命所带给我们的一切问题与矛盾。郑外的老师说，郑外的孩子要有国际视野，就是说，他们在面对社会与时代、生活与人生的诸多事物时候，包括矛盾与困难的时候，都能够站在更高处更远处去思索、思考，包括自省与内省。国际视野，是鸟的视野、鹰的视野，要求我们在动态与变化中，把握自身，把握进步，创造性地面对与处理好与整个世界、整个明天的关系。

　　"黄河诗韵"第四届全国中学生诗会，秉持上述宗旨，何其好！来自全国各地的各个学校的师生，带着情怀来、带着担当来、带着有开阔视野的原创诗作来，何其好！中原的歌唱，是带着中华的浓郁的五千年优秀文化传统的梦想，今天在这雄壮黄河的旋律里，有草原上的曙光，大海边的帆影，大山中的风雨。北方、南方、西方、东方，有阳光，有月光，有星星，也有风雨雷电，就是一个完整的真实的世界，我们彼此携起手，在祖宗之地，在民族起步之地，我们感恩，我们爱，我们描绘愿景，我们怀想。这本身就是当下教育所展示的一幅师生快乐、幸福而茁壮成长的，满眼都是感动、诗意的梦之画面。

2014 年 10 月 18 日

能承受阳光，也能承受风雨，我们是在什么样的地方生长。

一个有诗意的地方

前几天，我在微信上发了一组照片：秋林、秋叶、秋水、秋山。然后，我留下了下面一段话："苏州的秋天是最美的，美在郊外。天平山就是这样，弥漫些暖暖的秋意。我二十天前去了，满山的树林还没有都变色，只是一点点处在变色的过程中。本该宁静的地方，早已是人声鼎沸了。叫卖声、吆喝声不绝于耳。最不该的是店铺商摊进入了林子里。不过，只要我们内心还能坚守一分平静，还是能找到一片静谧之处。正如今天的教育，只要坚守，那个小小的园子，那还是圣地。"

这段话，回答了我今天致辞的题目中提出的问题：为什么学校应该是一个有诗意的地方？为什么呢？我说，为的是使我们的学校还能成为一片教育的圣地。有人说，今天的学校教育，特别是高中教育，早已离开了教育的本源，在过于功利的、单一的升学路上走得迅猛。其实，现实情况远没有这样悲观。无独有偶，前几天，我在微信上还发了一幅照片，有一天我在一堵墙壁上看到一个画面：秋天的枯藤在秋天的墙壁上。同样，我也留下了一段话："这幅图有诗意吗？回答这个问题，首先要回答好什么是诗意。我以为诗意是一种感觉，是让内心感动，让内心柔软的感觉。这幅图是截取的一堵墙壁。秋天的藤蔓，一枝带叶子的藤蔓与许多掉落尽叶子的藤蔓错落在一起，疏落却有生机。左下角还有数点阳光的影子，与它们相呼应。我看了，很有感觉，这是一种秋天的凄美，它似乎与我们内心的倔强的坚守相契合。因而，我说，这幅画是充满诗意的一幅画。"

很多朋友给予了关注。一位新疆的校长在微信上说："我以为诗意就是善感觉的人对有感觉的人或物的一种感觉。"

一位华师大的教授说："诗意是善良的人对善的追求。"

一位苏州的企业家说："诗意是在静谧中,能激发人们内心感动,触动灵魂并且净化的一种境界。"

我很长一段时间都在琢磨什么叫"诗意"?对有些我们经常使用的概念,我不喜欢用教科书上的语言去解读,我喜欢用自己的感悟去诠释。我曾在语文课上向学生提出什么叫"诗意"这个问题,我也希望我们的学生能够用自己的语言、自己的感觉来诠释。我希望我的学生在领悟了什么叫"诗意"的过程中,去真正领悟什么叫"诗意"。什么叫"诗意"?我以为,诗意是一种人生态度,也是一种人生主张;诗意是一种生活方式,也是一种生命的呈现方式;诗意是一种教育哲学,也是一种校园的理想境界。

感谢江苏省教育厅适时提出了"高中课程基地"建设这一举措,我们也很有幸被批准为"省诗歌课程基地",从此,我们学校教育、日常校园生活被赋予了新的"诗意"。什么是课程基地?首先它是课程,其次它是基地。更主要的,它不是课程与基地两者的简单相加,而是课程与基地两者的融合。物质的、精神的,内容的、形式的,教育的、教学的,老师的、学生的,学科的、超越学科的,是一种综合的,在各种情形、情状交叉之中的活动。而我们诗歌课程基地,无疑是在语文学科背景下,又超越了传统语文学科的一项课程改革新实践,它强化了我们多年来践行"诗性教育"的历史使命。

校园中的杏园是我们诗歌课程基地的载体。诗歌教育资源楼,诗歌教育的情景教室都在那儿。但我们的载体又不局限于那儿,早已拓展于整个校园。除了杏园之中有诺贝尔诗人、苏州诗人、西花园诗人、全国中学校园诗会情景教学载体之外,美丽的西花园中的长达楼,有我们的"中外诗歌长河""红楼梦诗歌"情景教室。其实,我们学校的诗歌教育,早已不

学校是美的

仅仅局限于情景教室了，整个校园都是。有形的载体是需要的，无形的气息更宝贵。诗歌课程，基于语文课程，又超越语文教育，更多的是价值引领——让校园生活回归诗性，让学校师生的日常生活富于诗意。那是建立"诗歌课程基地"的本意，也是我们在当下的社会背景下所追求的教育理想与境界。

　　什么是诗意？我还想再回到这个问题上。对校园来说，那意味着一种健康的、完整的、美妙的校园生活。这种健康、完整、美妙，是一种自然的状态、日常的状态、全员的状态。它是一种理念，也是一种实践，更是一种生命成长的阳光雨露、风雨雷电。刚才，我引用了三位校长、教授、企业家对诗意的诠释，那是蕴含共性的个性化的阐述。校长说，诗意是善于感觉的人对有感觉的事物的一种感觉。题中之意，是说我们有责任培养有感觉的学生。教授说，诗意是善人对善的追求，是说诗意不仅仅停留在美与真的层面，它还处在道德的层面，教育的诗意是教育对本质的追求。企业家说，诗意是静谧中激发人内心的感动，是说这种感动能触动灵魂并将其净化成一种境界。那是灵与肉完美结合的高度下的一种教育祈求。这些朋友们对诗意的感悟，对我们来说，都如教育天穹上的星辰那样珍贵，是照耀我们前行的光亮。

　　所有的事物，都离不开一定的背景。苏州十中的"诗歌课程基地"，也是在江苏省、苏州市教育的背景中，所做的一项具体的教育工作。它与我们省、市的历史文化条件与当下的现实文化背景是相吻合的。江苏全省在推广苏派教育，苏州全市在推行苏式教育。苏派教育与苏式教育有什么不同？我以为苏式教育是蕴含着苏派教育本质内涵的一种富有个性表达的教育。苏式教育是山水文化，具有水的灵动、山的沉稳。睿智又不过分张扬，进取又不过于功利，细微又不失去自然之趣，典雅又不流于清谈。它是从本质上渗透出来的风格，教书育人都如此，学问做人也都这样。当下我们苏州十中在这样宏大辽远的文化背景下，践行"诗性教育"下的诗歌教育课程，何其有幸。这样的课程，理想的状态是能把"诗性""诗意"，即苏派、苏式教育文化，渗透于整个学科课程，乃至于自己整个学校教育活动之中。

　　在今天的"西花园的风雅颂——江苏省诗歌课程基地展示活动"中，我们遇到了学校教育，特别是我们的"诗性教育""诗歌教育"的良辰美景。学校应该是一个有诗意的地方，大家的到来，就是诗意的到来，更让我们感觉到了诗意在这个园子里荡漾、澎湃了。在此，我代表学校全体师生，对大家、对所有来参加会议的领导、嘉宾表示诚挚的欢迎与衷心的感谢。

2014 年 11 月 21 日

我把这个山上的，每一棵树，每一棵草，每一朵花，都看成是你。——《轮回》

　　　　　　　　　　　　　　　　　　　　　　　　　　　　学校是美的

我们所面对的都是风景

　　世界上有两种人，一种是见过风景的人，另一种是没有见过风景的人。见过风景的人，每天生活在风景之中。在他看来，一棵树、一朵花、一棵草都是风景。没有见过风景的人，生活在世界上熟视无睹，找不到风景——见山不是风景，见水不是风景，见日月星辰都不是风景。学生写作也是这样，有些学生，凡事、凡物、凡人，所见所遇，都是题材，都能入文。有些学生见事不是事，见物不是物，见人不是人，作文只有躯壳，空洞无内容。之所以如此，关键在于学生心中是不是有——心中有"风景"，眼中都是"风景"，心中无"风景"，眼中都不是"风景"。同样，学生心中有"事、物、人"，作文中也就有"事、物、人"，言之有物，言之成理。

　　所以，我从不认为看风景要去所谓的"风景名胜"之处，只要留意，身边都是风景。同样，学生写不好作文不是缺少"生活"，而是缺少对"生活"的体验。什么是"生活的体验"？我以为就是对生活的了解、认识与理解。王安石游褒禅山，得悟，他说，古之人看见山川、草木、鸟兽、虫鱼，往往有所得。为何？因为他们求思之深。王安石哀叹"今人"不如古人，如今王安石距今又是千年，"今人"视王安石之"今人"又当如何？所谓"有所得"，我理解就是"有感悟"，由"物"悟"情"，由"物"悟"理"。范仲淹写《岳阳楼记》，即是由景、由物、由事得悟，说出了"不以物喜，不以己悲""先天下之忧而忧，后天下之乐而乐"的千古名句。范仲淹写岳阳楼，他没有到过岳阳楼，只是对着朋友滕子京寄给他的一幅岳阳楼的图画，写景状物却如此美妙，议论又是如此精炼，为何？因为他心中有"景"，并有对"景"的独到理解。世界万物，都可以作为他表达思想、情感的载体。像王安石、范仲淹这样的人，才是心中真正有"风景"的人。

学生的作文，无非两类，一类是高考（考试）作文，另一类是非高考作文。高中生，特别是高三同学写的都是"高考作文"（这本《作文菁华》也不例外），在有限的时间里，按照要求写。当下高考写的无非是"材料作文"或者"新材料作文"，出题者提供一两句话，或一两幅图、图表，然后要求"800字""体裁不限，诗歌除外""题目自拟"。有框框的作文，"带着镣铐跳舞的作文"，如何写？如何写好？

苏州有一年请作家，而且是有名的作家写"高考作文"，匿名，由高考权威阅卷老师判卷，结果作家们"全军覆没"，几乎都不及格。报纸又刊登了这些"失败的高考作文"，引起了社会关注。这时候，学校的语文老师开始得意了，说："作家不行，写的东西或空洞，或不懂文章作法。"高中学生也开始得意了，说，我们是科班出身，是经过严格训练的，不像"作家们"是游击队，我们是"正规军"。这些话说得对，又说得不对。高考作文自有其特殊性，是一种很特殊的"作文"。无论是谁不经过专项学习与训练，确实很难写好，它是有严格要求的作文。要能"切题"、要看"立意"的高下、要讲究"构思"，语言还要流畅、得体、优美。比如江苏的考纲明确写着高考作文的四个要求"丰富""深刻""有文采""创新"。一个作家行文往往任凭心之所至，怀想、感悟，天马行空，往往只是立足于一个点，从这个点上抒写。考试，包括高考与中考，是有标准答案的，作文也不例外，按照标准赋分，标题、立意、构思、语言每一项都有具体标准，赋分，就如买东西，拿到东西给钱，这一项写得合乎标准就给分，写的不在标准上就不给分。在一个小时内从审题、构思，到行文，再到润色修改，要达到"丰富、深刻、有文采、有创新"谈何容易？写作时时刻要想着这些要求与标准，为这些要求与标准而去作文，不经过严格的训练能行吗？整天在一个划定的框架内，绑住手脚去练习如何获得最完美的表现、表演，从某种程度上说，这是一项"杂技"。

高考作文，能写得好吗？如果不能写好，为何每年都要涌现大量的满分作文？每年都要出版大量的高考优秀作文选？三年前，发生的一件趣事，与福州一中的李迅校长有关，这个趣事我现在经常讲，在各种教育的场合，包括语文教学的场合，听者都会哈哈大笑。那年高考结束，各地都在晒高考满分作文，江苏也不例外。有一家晚报，刊登了四篇满分作文。第二天舆论哗然，发现其中三篇几乎都是全抄袭。李校长迅速给我发了一条短信息。他说："江苏的老师都是不读书的？"面对"挑衅"，我当然要维护我们江苏老师的"尊严"。我迅即回复，我说："是啊，不过，江苏的老师虽然不读书，但还是识货的。"言下之意：尽管我们不读书，不知道它们是抄袭的，但是，我们识货，知道是好文章，我们就给了它们满分。我与李校长是调侃。调侃之余我们是反思，难道只是江苏如此吗？福建不是这样吗？全国不都是这样吗？那些部分的抄袭，那些有模型的作文在考场被灵活转换的，还有大量的没有被发现的，不计其数，高考写作的真实状态就是这样的。高考作文就是一碗"蛋炒饭"，无论什么题目，都可以写成"蛋炒饭"，题目《人生》，可以写成人生是一碗"蛋炒饭"；题目《幸福》，可以写成"幸福在我看来就是一碗蛋炒饭"；题目《旅行》，可以写成"行走，其实就是炒一碗蛋炒饭的过程"……总之，只要把"蛋炒饭"这个题材、素材把握好，对"蛋炒饭"的类型、特点，炒"蛋炒饭"的要领、过程，如何品尝，品尝的技巧、审美趣味，等等，了然于胸，预设几套方案，到了考场上把它作为"面团"，放入考题这个"模子"，成品一定不会差。"蛋炒饭"是可以迁移的，把"蛋炒饭"置换成"一座桥""一条路"何尝不可以？人生就是"一座桥""一条路"，幸福就是"一座桥""一条路"，旅行就是"一座桥""一条路"，又有何不可呢？

高中阶段仅仅如此指导学生作文，可以吗？仅仅应付考场是可以的，高考之后呢？高考仅仅是学生人生的开始，面对漫长的人生之路，遇到所有问题都能"一碗蛋炒饭",或者"一座桥""一条路"解决吗?我们在课堂教育中,如何超越高考?如何把非高考作文也写得美妙?叶圣陶说学生要"以手写我心",这是作文的最高境界。学生面对的世界都应该是风景,而学生的作文又是他们对风景的理解、认识与感悟。学生眼中的真善美,学生心中的喜怒哀乐,学生笔下表达、呈现的世界,既是现实的世界,可能又是理想的世界。我们如何让他们做一个现实的人,又做一个超越现实的人?怎么让他们对这个世界有独到的、鲜活的、深刻的感悟?

福州一中的学生是有福的。为什么我得出这个结论?因为我对福州一中作过一番考察与研究,与校长、老师、同学作过许多次交流,包括随意的、不经意的日常交谈。为了写这篇序,我认真阅读了学生的习作以及老师的评点。我曾预设了许多问题,带着问题阅读。福州一中的老师是如何地理解、认识、感悟世界,包括学生的作文世界的?怎么从老师的点评中看他们自身的情怀、担当与境界:丰富还是贫瘠?麻木还是敏锐?纯粹还是圆熟?我们老师又如何对待高考作文与日常作文?是区别还是不区别这两种作文形态,研究这个有什么意义?学校是一个独特的地方,可以被比作一只航船,从此岸驶向彼岸。校长、老师在船上,带学生看日出日落、风起云涌。

高三学生戴颖在《空谷回响》中说:"有些人一提起海洋就想到汹涌波涛,而有些人却想到细软平阔的沙滩;有些人一提起森林就想到狼虎野兽,而有些人却想到梢间林鸟;有些人一提起空谷就想到悬崖峭壁,而有些人却想到栈道桥梁⋯⋯面对同一件事物,不同的人往往产生不同的想法,有些人笑对人生而有些人悲观厌世。这都有其中的缘由,这正像空谷接纳了我们的声音,却又在不同的时刻发出不同的回响,回响是我们过去的声音,却影响到现在与未来。"说得何其好,呈现了多好的思维状态。

高三学生林婧姝在《悲喜交加的完美人生》中说:"要以大度量,忧国之忧,忧个人品德才干之忧;乐盛世之乐,乐自身不懈奋斗之乐。如此,才可称得上是由喜悲自然所铸成的非凡人生";"唯有大喜大悲,才能成为河流前行的助力。"王兆芳老师点评如下："这又是一道以哲理短句为材料的材料作文。哲理，指的是富有意蕴或文采，值得琢磨，耐得挖掘，能够给学生提供较深广的写作空间。'不以物喜，不以己悲'可以顺着原句的意思，谈要向古人学习，不因外物的好坏而喜悲，也不因自己的得失而喜悲，追求深远处事和豁达胸襟的境界；也可以反其意而写，谈喜悲无害、悲喜有益，要大胆喜悲，有悲喜才有真性情，有大悲大喜才有大跨越大作为；可以写适时喜悲、喜悲有度，要因时、因地、因人而悲喜，而不能笼统、武断地表达某一种态度；可以写悲喜的不同层次，先写因物而起，再写因己而起，最后直达内心；也可以写悲喜的策略、方法、目的、效果等；但不管如何，都要紧扣'物''己'与'悲''喜'的关系。本文立意大胆，把'悲喜交加'和'完美'这一对看似矛盾的词语结合一起，谈喜悲无害、悲喜有益，甚至论及有大悲大喜才有大跨越大作为，涉及国家民族、品德人生等大话题，衔接自如，思路开阔，文风大气。"我以上只是节选，王老师的点评，已经超越了一般意义上的点评，自成一篇谈文作法的文章了，精彩之处随处呈现。

曾昱炜同学的文章，简直不像是一位中学生写的，可以用"博大精深"来形容。由于篇幅的关系，我仅应用鲁卫鹏老师的点评："人，诗意地栖居在大地上。"荷尔德林的这句话经过海德格尔的阐释，已经变成了小布尔乔亚们的口头禅了。只是，当哲学思考俗化为心灵鸡汤，当哲人苦恼幻化成小资标签，我们仍然无法逃避"存在"之问。"思最恒久之物是道路。"（海德格尔语）也许我们会进入思想的米诺斯迷宫中无法自拔，也许我们会耗尽心血而无法渡过思想的冥河，但这是人之为人的宿命。曾昱炜同学"逃离"了市面上流行的心灵鸡汤式读物，敢于抛弃习惯的话语来思考，像叔本华一样成为"梦想破坏者"。这样的文字，或许是晦涩的，但却是直指灵魂的。读它，我们需要达到一种境界："人安静地生活，哪怕是静静地听着风声，亦能感受到诗意的生活。"（海德格尔语）读完这段文字，我明白了，为何有这样的学生，因为有这样的老师。

我是一个语文老师，同时我还是一个写诗、作文的人，人们又称我为诗人、作家。我深知作文的甘苦，也经常在考场作文与自由作文之间行走。但我是在游走，还是融合？至少，我在自觉朝后者努力。现在，已经有很长一段时间，我会写800字左右的文章，对着一幅图，或一两句话，题目自拟，在一节课时间里完成。我想把自己训练成一个对世界万物都有感悟的人。我曾见到一幅图，苍茫的云层下有几匹马。一瞬间，我似乎"有所得"，我随即写下："在唯有看得见草原的天地间，只有几匹马在吃草。假如，只是如此，我也不会感动。可是，今天不一样，那云彩，厚厚的，压下来，层层叠叠，几乎像一丛丛有生命的新物种，正在粗野地马上就要碰触到草地。几匹马在那儿，不为所动，仍然悠闲地吃草，没有感觉到苍茫粗狂，没有感觉到与平常有什么不一样，也没有感觉到天气即将的变化。假如是人，需要怎样的淡定？需要怎样的超脱？才能坚持得住？今天，我遇到这样的情形，希望我不仅像马这样淡定与超脱，我能够在草原上狂奔，或者干脆躺下来，做我想做的一切。"

　　人与人相遇相识是缘分，学校与学校相遇相识也是缘分。因为我与李迅先生相遇相识了，因而又有缘读到了这本《作文菁华》。对我来说，我是遇到了风景，遇到了如上文所描绘的风景，遇到了云彩、草原、马，这些蓬勃的生命物象。福州一中的学生既是描摹这些生命物象的人，又是这些物象本身。我去过大峡谷，天崩地裂，大地面对天空，裂开一条大口子。奇石横空出世，荒草与风齐舞。我坐在崖上，俯身听谷底的声音，我坐谷底，仰看苍鹰的飞羽。此时我正有这样的感受。旷日持久的雨，或阳光，都会让大地厌倦。密密匝匝的森林，或不见树木的草原，也都会给人单调的感觉。晨曦中的朦胧，在大地上，都是梦一样的让人倾心。有一片云，停息于半空，而高高的苍穹，遍布透明的清澈的霞光。草原上伫立着三两棵树，如佛般端坐。这时候，我们到了什么境地？——此刻，我到了《作文菁华》中每一个学生创造的境地，那是一片片真正的人生之风景、世界之风景。

　　　　　　　　　　　　　　　　　　　　　　　　学校是美的

安静地，哪怕是静静地听着风声，亦能感受到，对面的风景。

福建的景象，与江南水乡是完全不一样的。江南是水，是水的浩淼世界。福建同样灵动却又多了一份悲壮，有山有海有妈祖有朱熹，有天地间的大美。对我来说，这样的地方永远是一个谜，除了念想之外，还有什么？去年李迅校长出版了一本书《从游》，现在突然顿悟：那就是一个谜底，那是一个校长的自我，每一天与师生在一起的自我，更是一个福建文化孕育下的一个"人"的自我。当时，我一边品着新茶，一边读他的文章。现在，我仍一边品着新茶，一边读着《作文菁华》。一边是校长，一边是他的学生，这是一处风景的两面，观赏他们既是乐趣，也是享受，但我深知前提必须是尊重与敬畏。

2014 年 12 月 20 日

学校是美的

阳光像雨一样落下来

　　最近几年来，如果有人问我："你最大的收获是什么？"我会毫不犹豫地说："能从日常的事物与日常的生活中，感悟教育。面对一花一草、一砖一石，能想到教育；面对一个生活的场景、偶然发生的一件事情，都能想到教育。"今年秋天，花园里举行菊花展，由于去得太早，菊花还都没有完全绽放，有些只是花蕾，有些正含苞待放。况花盆在下，人俯视它们，感觉到的是花枝花蕾的弱小。可换了一种姿态，情况就完全不一样了。我蹲下身子发现，所有的花蕾，都在挺直的花枝上，饱满、多彩、茁壮，自信、充实、阳光。我深有感触，反问自己：我们等待花开，是以什么姿态？放下我们自己该放下的，所有我们的期待都会在一瞬对着世界绽开。于是我得出结论："要做俯下身子静候的教育"，它成了我坚定的教育信念。

　　今天，学校的居老师转给我一条信息，是他在家长 QQ 群里看到的。高三（10）班沈霖成的父亲在家长群里说道："尽管之前跟儿子调侃过学校怎么不请老爸去看演出之类的话，可真正等到活动前天老师的邀约时，我还是不太在乎地想，一帮孩子能玩出什么花头来。从下午两点到晚上近九点，七个小时，我从来没有在一张坚硬的板凳上坐如此之久，而丝毫不觉得疲惫，节目带给我的震撼完全覆盖掉疲倦感和饥饿感，节目之丰富、创意之新颖完全超出我的想象。孩子们的演出或许稚嫩，软硬件设施或许简陋，但他们的激情和欢乐无疑是这天世界上最最充实的。经过自己编排、创意、导演的节目，无一不彰显年轻的活力，也表达出他们最初的梦想。唱自己喜欢的歌、跳自己喜欢的舞，点评一下老师，起哄一下校长，这一晚，十中给了他们最大的包容，这一晚，年轻可以任性。"

居老师给我留言："挺令人感动的。"是啊，怎么不感动呢？沈霖成的父亲被孩子们感动，也被那一天学校包容孩子们的年轻让他们任性而感动。我们呢？既与沈霖成的父亲一样感动，同时也被沈霖成的父亲这样真诚的声音感动。对高三学生来说，这是他们在高中学校最后的一个迎新活动，正如"菊花展"一样，也是绽放他们自己的一次机会。我们老师、家长如何对待他们、看待他们？我们是高高在上俯视他们？还是放低自己的身段、蹲下身子去仰视他们、欣赏他们？那一天，学生们到了活动的最后，只要能听到校长的唱歌，我提出的什么条件都答应。我呢？只要学生答应我接下来的半年将全意地努力，我愿意尽管五音不全也要为他们唱歌。我把自己的校长身份放下，与他们平等地"洽商"，那种场景本身不是最好的教育吗？所有的励志教育，就在学生的"任性"，与老师、校长的"包容"中，不知不觉地完成了。这不就是"俯下身子静候的教育"吗？

我曾看到两个经典故事，一直不能忘怀。

一则是"主人陪伴女佣的儿子在卫生间用餐的故事"。一个女佣孤身带着一个儿子，那天主人告诉她，晚上要邀请一些贵宾，让她迟一点回家。女佣为难了，儿子怎么办？不能跟在身边，又没有地方可以寄放，怎么办？还不能让儿子有委屈。女佣对儿子说，今晚要与他到一个最好的地方吃最好的晚餐。于是，女佣把儿子藏在了主人家的一间卫生间，小孩以为那是世界上最高档的餐厅，很高兴。妈妈在客厅里忙碌着，儿子在卫生间期待着。偶然，主人去了那里，当他明白这一切的时候，自己也留了下来，陪伴孩子，让厨房把最好的菜肴都送一份到卫生间。他俩就坐在那儿，快乐地用起餐来。客人们不见了主人，东找西找，终于在卫生间见到了。大家拿起酒杯，纷纷加入了这个特殊的晚餐行列。后来，那个小孩，长大了，成为一个心地善良的

　　　　　　　　　　　　　　　学校是美的

大企业家。

另一则是"饭店伙计把自己房间让给一对老年夫妇的故事"。冬天的某一天，在北风凛冽中，一对老夫妻走进了一家饭店。可是房间已经全满，老夫妇无奈而难堪，这时，一位店佣小伙子把他俩带进了一间温暖的房间，老人很是感激，原来这是店佣自己的房间，那一晚他自己躺在过道的长凳子上过夜。第二天，老夫妇向小伙子致谢，小伙子谦恭地弯腰答谢。不久，小伙子收到一份邀请，说希望聘请他担任刚落成的一家最大最豪华的饭店的总经理。原来，那是两个老夫妇专为这个店佣建造的，他们是富豪。

这两则故事不是一天读到的，也没有直接的情节上的联系，可我总把他们放在一起回味，也不止一次在自己的文章中引用。那女佣的小孩，多幸运啊！那间卫生间在他成长的过程中，无疑是天堂，女佣用自己的方式庇护了一个幼小的心灵，一直不让其受任何伤害与歧视。第二个故事与第一个故事一样，行善得好报，好人有好报！不过，我回味这两个故事时，并没有仅仅停留在这一层，我作了进一步的思考：假如，那个佣人的儿子，最终没有成为一个成功的富人，只是一个平常、清淡的人，尽管同样地善良，故事的意义又将怎么样？假如，那个店佣遇到的老夫妇也不是富人，只是一对贫贱的老人，没有什么来回报店佣，故事的价值又将如何？

我们要培养什么样的人？我们如何去保护学生"真善美"的本色？我们又是如何去做这一切的？我曾经在一片旷野，看到所有的野花野草都在绽放的景象。没有谁比谁更高大，或更卑微，一样坦荡、大气，充满生命的活力。我突然感觉到，我们学校动辄就说要培养精英、培养领袖，是有问题的。这个时代缺少精英、缺少领袖吗？对任何人，都不能从小绝对地夸大他们的优越感。一个普通人的坦荡、真诚、纯粹更宝贵，人与人之间都能袒露赤子之心，如那遍地绽放的小花，平等、自信、微笑着相处，那更重要，那才是我们教育的本意。

因而，我从多年的教育实践以及对世界万物的点滴感悟中，体会当下迫

不要眨眼，
变化就在瞬间。

切地需要做那种"甘于卑微"的教育。"甘于卑微"的教育，就是甘于放下身段、蹲下身子静候的教育，那个女佣的主人陪小男孩在卫生间一起吃晚餐，"卑微"自己，在"卑微"的晚餐中完成神圣的教育。那一对富翁老夫妇，同样"卑微"自己，不露声色，完成了发现"真善美"的神圣使命。

我曾经一个人在旷野，那里开满格桑花，辽远、旷达、美丽又苍凉。开始，下了一场雨。雨不大也不急，雨后一切都是清新的气息。当我躲雨后，再一次出现在旷野的时候，一切都不一样了。天空碧蓝，有的地方有云彩，有的地方没有云彩。有云彩的地方，突然，漏出一个云洞，阳光就像雨一样落了下来，淅淅沥沥地下，整个世界都在雨中。天地静谧，只有阳光雨。阳光雨有声响吗？似有又似无。教育不正是阳光吗？但是如何撒下阳光？"阳光像雨一样落下来"，仰望星穹，我们需要不断思考、探索，去进入一个更美好的境界。

2015 年 1 月 5 日

日常悟教育

紧紧地合上自己的双眼

安详地对自己嘱咐：

爱啊，就是如此地无边无际

——《我在秋天的梦里种了七棵树》

对话是人与心最美妙的碰撞

我们学校有一个传统，每次的教师会议都会被开成专题会议，或研讨，或经验交流，或沙龙。2010 年 11 月，我们召开了有效教学研讨会；2011 年 10 月，我们又在学校举行了长三角"诗性的有效课堂"同课异构活动。来自上海、杭州以及苏州的特级教师、骨干教师、青年才俊执教上课，六百多位来自各地的老师聚在学校共同研讨，涉及语文、数学、物理、历史等九个学科。按理说，在"有效课堂"前加"诗性的"三字纯属多余，"有效课堂"就是一个全面的概念，是指学生在课堂得到包括学业在内的全面发展。但是有许多事情到了实际操作层面，概念就会被异化，"有效课堂"正是如此，被窄化成与考试有高相关度的课堂。2011 年 11 月，我们又举行了以研讨"有效听课"为主旨的教师大会，正是上述活动的一个延续。何谓有效听课？听什么？如何听？几位专家型老师作了发言，从知识层面、技能层面、思维层面、情感层面等作了探讨。什么是有效听课？我认为，就是研究、反思上述问题的听课。有效课堂与有效听课是两个紧密联系的话题，探讨这两个问题是有意义的。我听了老师们的交流以后，也发表了自己的意见，我认为课堂教学是一种对话，听课也是一种对话。不同的对话呈现了不同的教育境界。我首先举了几个案例：

案例之一：小林宗作校长给小豆豆上的第一堂课，就是倾听小豆豆说了四个小时的话。小豆豆因为淘气被原学校劝退了，一个全新的学校"巴学园"

接收了她。"巴学园"是一个与众不同的学校，教室是一个个废弃不用的电车车厢，校长小林宗作第一次见小豆豆，就微微笑着听小豆豆不停地说了四个小时的话，没有不耐烦，没有厌倦。这第一课给了小豆豆全新的感受。接下来，小豆豆过着一种全新的学校生活。"巴学园"的午餐：每到午餐开始的时候，小林宗作就会问："大家都带了'海的味道'和'山的味道'来了吗？""海的味道""山的味道"原来是小林宗作不想让小朋友们偏食而起的称呼，告诉他们蔬菜、肉类、鱼类都得吃；"巴学园"的教育方法：自己从喜欢的课程开始学起，倡导自由教育，尊重孩子们的个性。比如说，如果上午完成了学习计划，下午就散步，采集植物标本，写生，听老师说话，唱歌等等。

案例之二："你要当州长的"。一句普通的话改变了一个学生的人生。"我一看你修长的小拇指就知道，将来你一定会是纽约州的州长。"此话出自美国纽约诺必塔小学校长皮尔·保罗之口，话语中的"你"，是指当时一名调皮捣蛋的黑人学生罗杰·罗尔斯。罗尔斯出生于美国纽约的大沙头贫民窟，读小学时经常逃学、打架、偷窃。一天，当他伸着小手，又从窗台上跳下进入教室时，出乎意料的是，校长不但没有批评他，反而说了上述的话。罗尔斯大为惊讶，只有奶奶曾说，他可以成为五吨重的小船的船长。罗尔斯记下了校长的话，并坚信这是真实的，能够实现的。从那天起，衣服上不再沾满泥土，语言不再肮脏难听，罗尔斯的行为不再拖沓。在此后的四十多年里，他没有一天不按州长的身份要求自己。五十一岁那年，他终于成了纽约州的第五十三任州长，也是纽约州历史上第一个黑人州长。

案例之三：蒂莉·布朗的一个吻，让总统终生纠结。查理·罗斯是蒂莉·布朗老师班里的学生，聪颖而成绩优秀，很讨布朗老师的喜欢。布朗老师自己呢？年轻、漂亮、对学生更富有吸引力。在毕业典礼这学校最后一课上，查理作为学生代表在致告别辞。致辞完毕，布朗老师表示祝贺，并当众吻了他，没料到会场一片静默和沮丧。许多毕业生，尤其是男孩子们，对布朗小姐只这样对查理表达偏爱感到忿恨。几个男孩当即包围了布朗老师，为首的一个

学校是美的

质问她，为什么如此明显地冷落别的学生。布朗老师说，查理是靠自己的努力，赢得了她特别的赏识，如果其他人有出色的表现，她也会吻他们的，并对为首的小男孩说："去干一番事业，你也会得到我的吻的。"听了这番话，男孩们感到好受些了，却给了查理压力。他决心一定要用自己的行动来证明自己值得布朗老师报之一吻。他进入报界，十分努力，后来终于被亨利·杜鲁门总统亲自任命为白宫负责出版事务的首席秘书。原来在毕业典礼上带领那群男生包围布朗小姐，并告诉她自己感到受冷落的男孩子，正是亨利·杜鲁门本人。查理·罗斯就职后的第一项使命，就是接通布朗小姐的电话，向她转述了美国总统的问话："您还记得我未曾获得的那个吻吗？我现在所做的能够得到您的评价吗？"布朗小姐拿着电话，泪流满面。

黑格尔说："每一个人就是一个世界。"苏霍姆林斯基说："教育是人与心灵的最微妙的相互接触。"学校培养的最终目标是"人"。什么样的课堂是理想的？什么样的课堂对话是理想的？小林宗作的无声胜有声——倾听；皮尔·保罗的一句轻轻的预言性的勉励，成就了一个人的终身事业；蒂莉·布朗的一个吻，充满力量，得到的和没有得到的都获得了非凡的力量。现在，我们需要中国的、当下的、校本的案例，即你我他的案例。但面对这样的案例，人们的内心总有一种无力感。现在教育真的越来越难，有许多说不清楚的滋味。我们常常重在知识层面的课堂教学和课堂对话，忘掉了心灵。这样的教育，最终会像科举和八股一样被抛弃，只是还没有走到尽头，现在正向尽头走去。

上课是一种对话，倾听是对话的一个组成部分。小林宗作校长倾听小豆豆说了四个小时，其实是对话了四个小时，眼神的交流也是一种对话。日本有一个被称为"育儿之神"的内藤寿七郎先生，他是小儿医学专家，也是教育家。他提出了一句响亮的口号："爱的目光足够吗？"他爱心似海，培育孩儿的心灵，他有一本书叫《育儿原理》，把爱心提到哲学高度。它阐述道：眼神，这"心对话"，是教育原理的精髓。联想到我曾经在《奚文琴老师》一文中写到一个眼神的细节："奚老师上课，眼睛总盯着学生。我总有一种感觉，奚老师的眼睛总是对着我。她讲课、提问题总对着我，她感觉到我听懂了，才会把课文继续讲下去。多少年来，同学聚会，我总要讲这个感觉，无奈的是同学总要说我是错觉，他们也会说，奚老师的眼光总是对着他们的。去年学校召开教育研讨会，研讨什么是教育，我在会上讲了这些往事，讲了奚老师的故事。一个老师站起来发言，说：'什么是教育？奚老师的那个眼神就是教育。'是啊，好像有一个名人说过，什么都遗忘了，被留下的那个就是教育。说得多好，那几年奚老师的语文课，那个眼神留在我的记忆里、烙在我的心上了。那个眼神包含的是爱、是信任、是期待，那个眼神里有教育的全部艺术和技巧。"内藤先生一个爱的眼神胜过千言万语，奚老师的一个眼神我也几十年没有忘记。其实一个形体动作也是一种对话，如蒂莉·布朗的一个吻，就是在关键的时候、关键的教育情境中的一次美妙的形体对话。我们要尊重每一个学生的个性，提倡每一个有个性的老师要与每一个有个性的学生进行有个性的对话，包括课堂对话、校园日常生活的对话。我们要把每一次对话都看作是一次寻找心灵、通向心灵之路的美妙过程。对老师来说可能是不经意的，但可能却是学生终生难忘的。这样的对话，老师成就了学生，学生也成就了老师。

今天我们学校正在实施"诗性教育"，我认为教育对话文化是"诗性教育"的一部分，课堂对话文化是诗性课堂的一项重要内涵，形体语言的对话同样是诗性对话的一个方面，我们需要提升我们课堂对话的境界，提升学校日常对话的境界。再举小林宗作的例子，他常说的话有：

"好了，你跟老师说说话吧，说什么都行。把想说的话全部说给老师听。"

"你真是一个好孩子。"

"你绝对能做到！"

"不必想着非要说得很好，只要是自己的话，什么都可以。总之，试一试吧。"

学校是美的

"请为这件事道歉。"

"无论什么样的身体，都是美丽的。"

"不可以欺骗动物。动物很信任你们，如果你们有事情欺骗它们，它们就太可怜了。如果你对狗说：'握一握手，就给你点心吃。'那么握手之后，绝对不能什么也不给它。如果那样的话，狗就不再信任你，它性格也会变坏。"

如何评鉴教师的语言，包括课堂语言？什么是最美的教育语言？什么是最美的师生对话语言？小林宗作的语言并不华美，很平常，却给学生以温暖和信心。"巴学园"没有围墙，没有校门，所有在校生只不过五十多名，都在废弃的电车里上课。这个学校在第二次世界大战中被战火摧毁了，办学不到十年，但毕业生中有十八位科学家、十三位政治家、八位企业家、十一位著名记者和作家，其中包括黑柳彻子——日本著名作家、著名电视节目主持人、联合国儿童基金会亲善大使。她写了著名的《窗边的小豆豆》，让全世界知道了"巴学园"，知道了小林宗作。

每一句话让学生终生难忘，这是一个理想，实施起来是有难度的。能因为一句话就改变人生的不多，教育不是万能的；因为一句话改变人生的案例，是奇迹，也可能不是教育的普遍真理。培养一个孩子成才，是一个反复的艰辛的过程，是成功与挫折的过程。今天我们讨论"师生对话的境界"，我们不是强调教师通过一句话，去改变一个学生，我们只是强调老师说的话，尽量都是滋润孩子们心田的清泉。呵护孩子的心灵很重要，一句勉励是阳光，一句批评是风雨，都是他们成长中所需要的，都是对心灵的呵护。

2011 年 12 月 4 日

谁是教育家

　　《中国教师报》组织讨论"谁是教育家？"，邀我参与。对这个问题，我有过思考，却没有深入地思考。虽然我参加了教育部中学校长培训中心组织的"全国首期中学优秀校长高级研究班"（有人说这个班是为应对"教育家办学"而开设的班），但我们全班二十七位同学，没有一位想过要成为教育家，只是快乐地学习和进行思想火花的相互碰撞，以求有实际的长进。在近三年的研究班学习过程中，对这个问题，大家真没很好地研讨过。现在只能发表一点不成熟的意见。

　　教育家是怎样的人？应该有一个标准。有没有一个普适的标准呢？在不同的文化背景下，这些标准会有什么区别？今天，我们是将其放在一个什么范畴内来讨论的？我想应该是着眼于当代。肯定不是那些已成定论，或者公认的教育家，肯定是把视野投放在那些将成为教育家，或者可能会成为教育家的对象身上。

　　第一，教育家不是云里雾里的人。在许多人的眼里，教育家是颇为神圣的，几乎与圣人是等同的。中国古代的孔子、墨子、荀子、老子、朱熹、王阳明、王夫之、顾炎武等是教育家。古代外国的苏格拉底、柏拉图、亚里士多德等是教育家。近代中国的陶行知、夏丏尊、蔡元培、叶圣陶、张伯苓、竺可桢、马寅初等是教育家，近代外国的杜威、尼尔、苏霍姆林斯基、小林宗作等是教育家。当代的教育家则很难说了，有的说这是，那不是；有的说那是，这不是。大家往往对教育家的要求太苛刻，按他们的标准，几百年、上千年才能出一个。教育家应该是有层次的，比如著名教育家、知名教育家、教育家等等。我上述提到的，都可以归到著名教育家、知名教育家。对于今天所呼唤的教育家，要求不能太高，从而让那些有思想的、有实践的、有成就的教育工作者有盼头，即跳一跳够得着。

第二，当下是产生教育家的时代。产生教育家有客观因素，也有主观因素，是综合因素的结果。有人做过研究，认为中国历史上出现教育家最多的时代，是春秋战国、宋代和民国三个时期，因为这三个时期社会动荡，环境宽松，催生着各种思想流派。此观点对，也不尽全对。中国也不只有这三个时期才是动荡时期，其他动荡时期为什么没有产生一批大教育家？我以为，教育家的产生，"天时"很重要。如民国紧接着清王朝，科举制度、八股文已走到了尽头，社会与时代强烈呼唤教育的变革，在这场强大的变革中，必然会出现弄潮儿、领路人。如今的学校教育功利化倾向严重，以中考、高考来领导教育教学是普遍的现象，将对人的教育窄化为知识的教育，把课堂当作流水线，把学生当作"容器"。功利教育之所以还有市场、没有被抛弃，只是因为还没有走到尽头。现在，正向尽头走去。我认为，现在应该是涌现教育家的年代了。

第三，不能让教育家贬值。教育家的"家"，与歌唱家、企业家的"家"，与众多的其他"家"，既有相同地方，也有不同的地方。提倡教育家办学，是为了办真正意义上的学校。提倡教育家办学，隐含着当下有许多不是教育家办学的状况，需要被扭转。教育家办学，是对校长提出的要求，要求校长按教育规律、孩子成长规律办学。我以为，仅仅校长是教育家还不够，还要有教育家"管学"。许多问题出在上级的管理层面，很多要求似是而非，挂羊头卖狗肉，乱指挥，唯行政管理手段，教条、盲目等现象普遍。所以，仅仅有校长是教育家办学还不够，还要有行政首长的教育家"管学"。我们更应该提倡"教育家上课"，让更多的老师成为教育家。在中小学领域内，校长可以成

我明媚的色彩有你的辉映，饱含着你的期盼与深情。

为教育家，教师可以成为教育家，教育部门的领导和管理人员可以成为教育家。但"教育家"这个称谓是神圣的，不能贬值。

第四，教育家是不在乎有没有"教育家"称谓的。现在全国上下培养教育家的呼声和力度很大。各地都有相应的培养工程，这是尊重教育、尊重教育发展规律的表现。这表明我们的教育，已经从粗放扩张型进入了内涵发展型。但是凡事不可过度，真理越过一步就是谬误。我始终认为，教育家与具有"教育家"称号的人是两回事。现在各地精心培养教育家，层层推荐优秀校长和教师进入培养行列。有些地方把进入培养行列的人数作为政绩。我见过有些培养对象，在自己的名片上，赫然印着"教育家培养对象"的头衔，让人惊讶。毋庸置疑，在这些培养对象中，最终有人能成为名副其实的教育家。但是我也敢肯定有些培养对象，尽管以后会被评为教育家，其实不会是真正的教育家。我常常遐想，假如孔子、孟子生活在这个时代，在我们的中小学校工作，他们会是教育家培养对象吗？会被授予"教育家"称号吗？古今中外有哪一个教育家是被对号入座培养出来的？真正的教育家，是不在乎有没有"教育家"称谓的，甚至一生都不知道自己是教育家，离开人世多少年以后，才被人们发现是教育家。

记得一位著名教授曾引用艾青的诗句"为什么我的眼里常含泪水，因为我对这土地爱得深沉"来诠释教育家；一些政策文件上写着"学为人师，行为世范"的人是教育家。说得都对，但我还要补充：教育家是一个能够回应时代命题的人，是一个有文化自觉和坚守的人，是连接着传统与未来潮流的"桥梁"的人，是一个永远不会时过境迁、不会贬值的人，是一个既有理想又能面对现实的人，是一个能开启人类心智、提升时代思想境界又根本不在乎有没有教育家称谓的人。

2011 年 12 月 24 日

每一位老师都是校长

　　开学在即，一切准备工作就绪。按学校惯例，开教师大会时由教师代表上台发言。今年安排了十位老师，他们每人精心准备，每人限时六分钟。暑期进行中层干部培训时，老师被分成若干组，围绕"改进教育"与"改进教学"两个话题，展开头脑风暴。经过梳理，问题集中在"拔尖人才培养"与"过程管理"两个方面，针对这些问题，如何改进与完善？开学大会上，分管"德育"与"教学"的副校长要发言。暑期，我们还分别开展了"班主任""学科组长""备课组长""高三任课教师"等专项培训，理清了思路，确定了工作重点。开学大会上，我们安排了高三、高二、高一的三位年级部主任，交流各自的工作设想，并将这些工作几乎安排到了一学期的每一天。这几年，我们践行"诗性教育"，提倡洋溢着道德光彩的"审美课堂"，本学期将在语文、数学和物理等学科重点研讨，开学大会上邀请上述三个学科的老师来谈实施方案。"诗歌教育"作为省级学科基地建设项目，也安排老师上台介绍。最后，我作为校长只是作了简要的点评。

　　会后，我正好接待云南一所挂钩学校的校长，恰巧提到此事，他感到惊讶，说："哪有开学大会校长不讲老师讲的？校长不布置工作老师布置工作的？"我随口说了一句："我们每一位老师都是校长。"过后，这却触发我对我自己管理学校思路的梳理。十年前，我从机关又一次到了学校，如今走过了整整十年。我一直认为校长与学校的关系有三种：第一种是领导这所学校，

学校是美的

第二种是管理这所学校，第三种是经营这所学校。原以为这三种方式，有高下之分，现在我却认为，不同特点的校长对待不同的学校，选择哪一种方式，自有其道理，不能简单评判。

这么多年来，我很少召开教师大会，由我作报告、布置工作，那更是几乎没有。每一次教师大会，都是经验交流会——或论坛，或沙龙，或主题报告，请几位老师上台讲，我则是坐在下面聆听。每一位老师的每一次发言，都会几易其稿，多次试讲。来自教师的声音，更有针对性、感召力，效果往往比校长直接阐述、直接提要求要好得多。我们的老师，在台上，都不会泛泛地讲道理，而是讲案例，有些案例听着会让人感动得流泪。

我也不是什么报告都不作。每年年终教代会上的校长述职报告，与每年的高三毕业生毕业典礼上的校长演讲，我都是要精心准备的。十年来，每一次述职报告与毕业典礼演讲，都成为我自己珍藏的作品。为发好言、讲好话，我会花许多时间——半个月、一个月，甚至更长的时间——有时做梦也在写稿子。我们常常讲"以人为本"，学校的"以人为本"，就是以老师与学生为本，我自以为我每年的这两次讲话发言就是我以老师与学生为本的体现。面对老师，我和盘托出，谈一年来我的思想、理念、做法、不足，甚至还要说出我的喜怒哀乐、我的理想与无奈，与老师交心；面对学生，谈历史、谈传统、谈校友、谈社会、谈世界、谈老师、谈父母、谈感恩等等，作一次临别前的人生长谈，也是与同学交心。

我们的学校，经常有人来参观考察。来访者经常会向我提出一个问题："你是怎样让你的老师认同你的教育理念的？"我说："恰恰相反，学校的许多教育理念，本身就源自教师的教育教学改革实践。比如，我们校园文化精神的表述是十二个字：'质朴大气''真水无香''倾听天籁'。""真水无香"的理念，就是我们学校几个年轻语文老师的感悟。

年轻老师要写教育随笔。那一年庄老师的随笔，写了《真水无香的课堂》，她说这是我们学校语文教学一直追求的境界。这篇稿子放在我桌子上整

你们率性的生长，你们惬意的姿态，将溢出院墙。

整一年。第二年，庄老师又写随笔，写的还是"真水无香"，另外几个老师也在写。我忽然醒悟，这不就是我们学校百年教育的底色吗？我们践行"诗性教育"，以"本真、唯美、超然"为内涵，不能说没有受到庄老师的启发。又比如，我们提出了"以学校的每一天成就每个师生的本色人生"的教育理念，教师大会上，王老师上台发言，就此对学校提出了建议，她说，能不能改动一个字，把"学生"改作"师生"，一字之改，境界全出，师生平等、师生共同成长的涵义一下子被揭示出来了。这样的例子还有许多。

让每一位老师都成为校长，要求校长要转变角色。校长不应该是高高在上的人，因此我不赞成现在流行的"校长领导力"这个提法。这个场合说要提升校长的学校文化领导力，那个场合说要提升校长的课程领导力，再一个场合说要提高校长的教师发展领导力等等。我倾向于用"聚心力"这个词，不能要求校长是全能的，他并不能领导学校教育的方方面面，他最重要的职责是把老师的心凝聚在一起，围绕一个目标共同前进。我以为，在更多的时候，校长与老师是一种同伴关系、互助关系。我有一种管理理念，就是"高铁"理念。过去我们常说"火车跑得快，全靠车头带"，今天这句话还适用吗？只是部分适用了。高铁每小时的时速达到三百多公里，每节车厢，列车的每个节点上都有动能。这个工作原理也适用于学校管理。要给老师空间，要给老师动能，要让老师创造性地工作。唯有此，老师进步得更快，校长也会进步得更快，学校才能进步得更快。

2012 年 9 月 4 日，担任苏州十中校长十周年纪念

无用之大用

　　"德、智、体、美"，这四者中最容易被忽视的是"美"。美育在中小学的教育中，还远远没有得到落实。甚至，许多校长连什么是美育都不一定能回答清楚。常见的有窄化美育，把美育等同于艺术教育，或者等同于美术教育；看低美育，把美育看作其他几育，特别是将其作为德育、智育的附庸，甚至有的地方还提出向美育要"质量"的口号，这里的质量说穿了就是分数，把美育仅作为学生学业进步的催化剂，要美育为智育服务。上述看法使美育在学校教育中严重变质。

　　美育就是美育本身。蔡元培曾提出"以美育代宗教"的主张。什么是宗教？简言之就是信仰，就是向往。以美育作为人的信仰、向往，是很有道理的。正如蔡元培所说"纯粹之美育，所以陶养吾人之感情，使有高尚纯洁之习惯，而使人我之见、利己损人之思念，以渐消沮者也。"美育的根本宗旨，是塑造人的健全心灵，颐养精神。美育是诉诸人的情感活动的，以感情的激发和陶冶的方式进行，与科学活动的理性思考与概念判断是截然不同的，这也是美育的根本特点。

　　回顾这些年来我们学校的发展，就是从追求"美"开始的，因而曾被《人民教育》称为"最中国"的学校。为什么是"最中国"的学校？因为我们从校园美，走向课堂美；从物质美，走向精神美；从制度美，走向行为美。其实，我们所做的这一切，都是在释放美育的正能量。突出"美"在办学中的作用——通过重视美育，努力扭转教育功利化倾向。在日常生活的功利状态下，我们的目光和心思容易被拘束到与利益相关的一事一物；而在无功利乃至超功利的审美活动中，对周身的一切从审美的角度看，能将我们从蜗角虚名、蝇头微利的桎梏中解放出来。

如今，办一所最美的学校，已经成为我们的自觉追求。到底何为校园之美？即校园的教育实践以和谐美学的原理和方法为指导，用和谐之美的原则对校园内的一切教育现象作全方位、深层次的美学思考和审美检视，校园的运作与发展均体现和谐之美的规律与形态，校园由此不断走向审美化的境界。我们的校园之美集中体现在学校对书院气、书卷气、书生气的营造和对"文化自觉"的追求，具体表现在校园精神之美、校园环境之美、课堂之美、学科之美、管理制度之美等方面。这个世界，不是缺少美，是缺少对美的发现。在平凡的日子里、事物中，随处都能发现美，挖掘美，张扬美。审美能力就是一种感悟能力——对真理的感悟，对规律的感悟，对善与恶的感悟，对历史的感悟，对优秀传统文化的感悟。

我们的校园受吴文化浸润已逾百年，校园内的亭台楼阁、假山水榭、老树古藤、古碑石刻都是传统文化的厚实积淀载体。所谓书院气，呈现了我们的校景、校貌、建筑、氛围与环境的特色之美。所谓书卷气，呈现了我们的"文化浸润与情感体验"的教育境界与追求之美。教育不靠说教，主要依靠环境氛围的熏染，依靠言传身教的示范带动，依靠润物细无声的点滴渗透。所谓书生气，呈现了我们师生的气质和气度之美。这种美是"无用之大用"之美，能涵养师生欣赏美和创造美的心智能力。

现在，我们还致力于审美课堂的构建。将情感、态度、价值观这三个维度的目标交融于一起，让课堂呈现出情景交融的意境美。无论是社会科学，还是自然科学，其中往往蕴含着积极向上的人生态度、从容雅致的生活情趣、顽强拼搏的进取精神、和谐发展的生存意识等等。教师把这些滋养了人类文明几千年的精华与经典通过课堂挖掘，呈现给学生，把含有深厚的思想内涵、

四季之中，最肃穆的身影，我敬畏，一种精神之美。

鲜活的能力因子、丰富的情感因素的知识在灵活、主动、多样的课堂教学过程中交给学生。

在实践中，我们竭力回答这样一些问题：校园的美如何转化为美育的要素，并如何来体现？课堂的美的内容与形式如何能完美地结合起来，并如何呈现出我们的个性化途径与方式？我们这样做，只是想办真正意义上的学校。因为我们知道，只有重视美育的教育，才能是完整与完美的教育。

2014 年 2 月 2 日

要从"家"中走出来

近几年来，教育家办学的热情越来越高。许多地方，都拿出人力、财力与时间，开设培养教育家的研究班、培训班，特别是校长班，成效很明显。不讲规律办学、唯功利办学、糊涂办学的现象在各地越来越少了。不过，现在学校的"教育家"越来越多，似乎又有点不正常。一些地方培养教育家，是有指标、名额的，而且还有严格的年龄限制。一些人，把列入了培养计划，或参加了什么班，看作是身份、身价的标志，还印上名片，我就曾经拿到过一张。综上所述，所谓的"教育家"，似乎有些走味。

校长们热衷于提升自己，多读点教育理论书籍本是好事，以科学的理论指导实际的学校工作本是进步的表现。不过，也不能似是而非。最近，我听了一个大城市的一所著名中学校长的专家报告，他开头就讲："多年来，我从不看教育类的书，你们那些书店里的教育论著像个什么样子？"一听愕然，竟有这么牛的校长！过后，再一深思，他讲得还真有点道理：现在，校长人人会写书，特别是经过一定的培训之后，在专家们的指导下，提出一个教育概念，然后结合学校的实际体系化。从校园到课堂，从课程到社团，从德育到智育，从教师到学生，从历史到现实，全面而深入地总结、阐述，看一两本，感觉很有道理，再看下去，不对了，发现都是差不多的，引经据典差不多，实际案例也差不多，体系结构也差不多。我曾与一位出版家聊天，他说："当下，大学老师不买书，而中小学老师却是

最远的那个地方，我要看看地平线之外的风景。——《地平线》

买书最多。"乍一听，不信。过后想想，可能还真是这么一回事情。大学老师最有鉴赏力，谁会去买那些千篇一律的书，不是不买，要买也要买名家名著啊。

　　是不是教育家，不是看参加了什么培养与培训，也不是看写了什么样的书。教育家与教育理论家是有区别的，中小学里的教育家与大学、研究机构里的教育家也是有区别的。中小学中的好老师就是教育家，同样，中小学中的好校长就是教育家。什么是好老师？好老师的内涵很简单，就是能教出好学生的老师，同理，好校长则是能培养出好师生的校长。做教育家不是目的，做教育家只是手段，通过做教育家办出好教育，才是本意。所以我说，我们现在还该从"家"中走出来，不能为"家"而为，不能唯"家"是从。特别是校长，不能有优越感，不能在学校里处处以引领者的姿态出现，要回归本源，这个本源就是回归老师。校长当不当（应该说成

学校是美的

为不成为）教育家无所谓，是不是一个好老师才是根本。真正的教育家，从不会以"家"自居，而是力求在日常的教育生活中，踏实、平实而又有热情地上好每一堂课，搞好每一次活动，让教育教学的每一个细节都富有意义。

2014 年 7 月 27 日

每一个校长都是老师

写下这个题目，感觉似乎有些不妥，"每一个校长都是老师"，这不是一句废话吗？我曾撰文《每一位老师都是校长》，有人与我调侃说，那要校长干什么？现在，会不会有人又要问：那要老师干什么？这些看似调侃的话，认真想想，还真有道理：校长与老师，岗位不同，承担的义务、责任、使命也不同。不过，校长（主要指中小学校长）与老师的上述区别不是本质的区别，他们本质上都是教育人的人，也都是管理人的人。校长对学校的影响，主要是思想、理念的影响，他或她只是老师队伍中的一员，尽管是有些特殊的一员。

现实中，许多校长，忘记了校长的本质属性，而夸大了他或她的特殊性。之所以说"每一个校长都是老师"，是想强调三层意思。

一是校长要放下身段，放低重心。校长对学校的影响，与行政机关首脑的作用是不一样的。我很不赞成许多人动辄就说"校长要引领老师"这句话。多年前，我曾经在学校里提倡"推门听课"，抓课堂建设，要求校领导、中层干部、教研组长、备课组长等随时"推门听课"。一次教师大会上，一位老师上台发言，他说："能不能改动一个字，把'推门听课'改成'开门听课'？"一字之改，境界完全不一样了。变老师被动地接受检查，为主动地随时随地欢迎大家来指教。校长切不可自以为高人一等，闭门提出一套理念，也不顾其与本校的历史、文化等契合与否，就让老师们"认同"。校长在学校要放下身段，放低重心，要走进教师，与教师融为一体，因为教师中蕴藏着无穷的

无数次自然的磨砺之后，呈现，最完美的生长。

"智慧的源泉"。

二是校长要把教师发展放在首位，不要自我中心，因为独木难成林。校长的发展，要与教师的发展同步。校长的发展与其他职业的人的发展不同，校长的发展，脱离了师生的发展，是没有任何意义的。校长过度发展自己，会不利于学校、师生的发展，特别是不利于教师的发展。这类似于我曾留意的自然界的现象，大树下，草都不长，大树独占阳光雨露。我们学校鼓励教师著书立说，近年来，仅语文学科就有十多个老师自己写书，或当主编带着课题组编书，并在出版社正式出版。去年，学校老师们研究诺贝尔文学奖历年获得者，选出了因为诗歌而获奖的 39 位得主，研究他们，整合出教材与课外读物《我坐在窗前》。我身为校长，也仅作为普通撰稿员。

三是校长工作不是去"摆拍"，要"抓拍"与"随拍"。"校长是教师"，要求校长能将主要精力，投放在学校实际的、具体的教育教学上。这种投放，不是"摆设"，不是摆样子，而是要承担教育教学的实在工作。当了校长就脱离课堂、脱离教学、脱离学生，仅强调管理，那是虚浮的表现，校长对教师的引领，要靠"身先士卒"的。但校长如何既是管理的行家，又是学科的专家？在课程开发与整合、新型课堂的建设等关键的领域，校长要能有发言权、指挥权，只有自己沉下去，像一个老师一样，去面对、研究与解决许多教育教学的实际问题，才会在"引进"中得心应手，游刃有余。也就是说，只有自己也"下水"，方能带领整个学校团队一起在大江大海中遨游。仅仅站在岸上，按着摄影师的要求去"摆拍"，那是花架子，这样一定是发展不好学校、管理不好师生的。

"每一个校长都是教师"，并不是完全要求校长像教师一样工作。其实，这是强调校长心中要有教师，能常常站在教师的立场上思考问题；是强调校长心中要有学生，能像老师一样心里装着学生；是强调校长要能正确认识自己，降低重心。总之，学校的一切的管理，都要有利于学生的发展。

2014 年 8 月 15 日

　　　　　　　　　　　学校是美的

教育家不是培养出来的

近几年，倡导教育家办学的热情越来越高。许多地方都拿出人力、财力与时间举办培养教育家的研究班、培训班，特别是校长班，成效很明显，一些地方和学校多出了不少"教育家"。不过，我们往往会以一种倾向掩盖另一种倾向。现在，一些地方培养的"教育家"是有指标、名额的，三年培养多少，五年培养多少，都是有规定的。此外，对成为"教育家"的教师还有严格的限制，多少年龄内的可以进入培养计划、多少年龄内的可以评定什么层次的"教育家"，或类似"教育家"的荣誉，都是有政策规定的。一些校长或教师，把列入培养计划或参加什么班，看作是身份、身价的标志，还将其印上名片：某某省教育家培养对象。综上所述，所谓的"教育家"，似乎有些走味；学校的"教育家"越来越多，也似乎有点不正常。

现在，校长大多会写书，特别是经过一定培训之后，在专家们的指导下，提出一个教育概念，再结合学校实际使之体系化后更会写书。他们往往从校园到课堂、从课程到社团、从德育到智育、从教师到学生、从历史到现实，进行全面而深入的总结、阐述。乍看三两本这类的书，似乎有道理，看多了，就发觉不对，因为内容大同小异，引经据典差不多，实际案例差不多，体系结构也差不多。

事实上，是不是教育家，不是看他是否参加了什么培训班，也不能仅看他写了什么书。教育家与教育理论家是有区别的，中小学里的教育家与大学、研究机构里的教育家也是有区别的。中小学里的好教师就是教育家；同样，

让学校教育的每一个细节都赋予意义。

中小学里的好校长也是教育家。好教师很简单，就是能教出好学生；同理，好校长就是要能培养出优秀师生。不过，做教育家不是目的，通过做教育家办出好教育，才是根本。所以，我们现在应该从"家"中走出来，不能唯"家"是从。特别是校长，不能在学校里处处以"引领者"的姿态自居，因为校长当不当教育家无所谓，是不是好教师才是根本。真正的教育家，不会以"家"自居，而是力求在日常的教育生活中，踏实、平实而又激情满怀地搞好每一次教育教学活动，让学校教育的每一个细节都有意义。

王安石在《游褒禅山记》中说："古人之观于天地、山川、草木、虫鱼、鸟兽，往往有得。"今人也应如是。我曾去过西藏，雅鲁藏布江的"大拐弯"，使我产生很多联想。雅鲁藏布江本当直行而去，结果竟环绕一座山，再顺势而出。我在领略它非凡气势的同时也在想，对教育家的培养，是否从一开始就不该走这样的捷径，而是要充分尊重真正教育家成长的路径和规律呢？有的时候，看似缓慢的成长步伐，其实是在拓展眼界、涵养成为教育家的境界。

2014 年 9 月 4 日

　　　　　　　　　　　学校是美的

用整个的心做整个的校长

12年前，我回到母校只有一个愿望——把苏州十中办成像苏州的同里、周庄、甪直一样散发着古典的、吴文化气息的百年名校。我们的西花园是织造署旧址，曾是康熙、乾隆的行宫，曹雪芹的家。百年前王谢长达在蔡元培等人支持下在这里创办了振华女中，胡适、于右任、陶行知、竺可桢、叶圣陶都曾在这里讲学，培养了费孝通、何泽慧、杨绛、李政道这样的学生。这是一所有历史、有文化、有深厚教育积淀的学校。离建校百年还有五年时间，这是一个契机，我们"修旧如旧"改造校园，不砍一棵树，不拆一间房，保留明清的建筑、民国的建筑、20世纪50年代建筑、"文革"时候的建筑。把学校融入苏州的古典文化的背景之中，要像苏州园林，更要呈现一个伟大学校的姿态。校园改造的过程，也是学校文化精神的回归过程——把百年的文化历史融入校园的一草一木、一砖一瓦之中。我们坚信教育是艺术，走在校园，无论从哪一个点上望出去，都力求看到的是一幅完美的图画，让每一堵墙每一条路都有记忆，都有教育的意义。我们坚信教育的理想境界，是纯美的境界，它剔除了说教、做作、平庸，充满感恩、怀想，具备"文化浸润"与"情感体验"的特点。同时，我们还坚信教育的理想境界，应该体现在学校的日常生活中。比如，任何人来我们学校或参观，或考察，或检查，我们不用专门准备，他们无论何时走进校园，所走的那条路线，就是最经典的参观、考察、检查路线。校园是一本书，是孩子们走进学校后阅读的第一本书，这本书，要有中华的背景、江苏的特质、苏州的味道。仅仅有物质层面是不够的，还要在每一天的每一个教育的细节中呈现精神层面的东西，那就是渗透爱、真、美、感恩、责任、担当这些美德的中华优秀文化传统的核心价值观，就是渗透爱党、爱祖国、爱人民这些现代公德的社会主义核心价值观。我们的做法与实践，得到了广泛的认可、认同。2008 年《人民教育》杂志率先刊登长篇通讯《"最中国"的学校》。从此，"最中国的学校"成为苏州十中的代名词。建国六十周年，评选六十年来影响中国教育的六十件事件，苏州十中的"最中国"被列为其中的一件事。去年，我们的西花园，即织造署旧址被国务院列为第七批全国重点保护单位。

此刻让我感慨万千。什么是教育？什么是教师？我们能不用教科书的语言而用自己的教育教学实践去作出个性化的诠释吗？也许，我们在学校勤勤恳恳一辈子，都回答不出来。十二年前，我带着陶行知的"国家把整个的学校交给你，要你用整个心去做个整个的校长"这句话来到苏州十中。国家把整个的十中交给我，怎样做才算是整个的校长？校园环境、高考质量，这些都是需要的，校长没有任何理由推卸责任。仅仅这些还不够，学生的成长是第一位的。培养有创新精神的孩子是当下我们学校的使命，但是，前提是我们老师要具备创新精神。学生仅仅有学科成绩、教师仅仅有专业发展，还是不够的，需要在日常的教育生活中去超越它们。我们如何在日常的生活中去保护师生的原创品性？如何让我们的师生做一生有梦、有情怀的人？这些年来，按照党和国家的要求，我们深化素质教育。每一所学校深化素质教育都要有个性。——我们率先践行"诗性教育"。诗性在这里，我理解是与"理性、感性"同一层面的概念，是一种素质教育的主张，如今已被全国基础教育界认同。我们期待学校教育多回归一点诗性，诗性是感性与理性的完美的统一。在课程、课堂、校园等方面，以及在如何做老师、如何做学生等方面，做本真的、纯美的、超然的教育。我们培养的学生不仅仅能适应未来的社会，还要能引领未来的社会。应该淳朴一生，不雕琢，不虚伪，有一颗高尚的心、平常的心。什么是用心？在这里我认为用力是用心。什么是用整个心做个整个的校长？让学校成为圣地，每时每刻的每一个教育教学细节都被赋予生命的意义，如果做到这样，我想便是了。我明白，这是一个我们当下做校长的无论如何都达不到的境界，但是，我们每天的每时每刻必须在这条路上前行，这是我们的使命，我们别无选择。今年国家开评首届教学成果奖，我们把"诗性教育"中的教学这一环节拿出来参加评比，获得了二等奖。去年全国评出二十个大中小学最佳杰出创新校长案例奖，我们的"诗性教育"，也忝列其中。

苏州十中是苏州的一所百年老校，苏州的百年名校有一百多所，十中仅仅是一个缩影。我也是苏州教育中的一名普通教师、校长，虽然被评为首批特级校长，但所做的极有限。苏州市教育局这几年提出"像叶圣陶那样做老师"，何其好。叶圣陶是伟大的教育家，又是我们苏州人，以他为楷模做老

望出去，像是一幅完美的图画，开启窗户，拥有一片世界。

师，表明苏州教师发展的目标境界，超越了自身。叶圣陶的意义在于，他领会了教育的本质，他把每一个孩子都当作正在蓬勃生长的生命，他真正把教育当作"人学"，他架起了教育与社会、教育与文化、教育与文学的桥梁，让教育，包括学校与教师，从文化自觉的意义上去发展。这是苏州教育现代化的核心要义。我们生逢其时，何其幸也。未来苏州的教育要成为更受老百姓欢迎的教育、更有理想境界的教育，很重要的一点，就看我们教师、校长是不是有所作为。

路在脚下，我们已经看到了前方的曙光。

2014 年 9 月 10 日

好学校与好教育

好学校与好教育，原来是一致的，现在这两者开始分离，至少，部分的分离。学校是教育的地方，学校好，当然教育一定好，可是为什么我要说，两者开始分离了呢？最近，我去参加一座城市的一所很好的学校的督导评估，或许是在看别人的时候，更看得清自己，检查别人，也是在检查自己，特别是我们关起门来办学，自我得意的时候，会忘了自己是谁。看不清自己，自高、自大，这种现象在那些所谓的优质学校、品牌学校、示范学校中更为突出。现在，我们要发问：办学校与办教育，两者的区别在哪里？好学校与好教育是一个概念吗？

对这个问题，我思考已久。现在，人们公认的所谓好学校，往往是那些热点学校。生源好、升学率高，社会热捧、家长热捧，超大规模发展、超常规发展。超大规模发展，曾经是一个办学的褒义词，甚至当下在一些地方还是；超常规发展，也是一个办学的褒义词，甚至，至今仍受到鼓励。超大规模发展，导致有些地区出现"寡头学校"，上万人（甚而还有数万人）的中学，占尽了当地的有限资源，包括人的资源、物的资源；超常规发展，导致不按教育的规律、人的成长规律办学，追求经济效益、声誉效益，远离教育本质，功利化发展。这些学校，一度被称为"好学校"。

什么是好教育？好教育是真正关注师生生命成长的教育。有教无类，这是前提。学校、老师无权利选择学生，学生却有权利选择学校、老师。生命

你寻觅宁静的栖息之处，我追寻璀璨的光。

成长是一个完整的、完美的概念，师生健康、茁壮，阳光、灿烂，善良、诚实，永远是第一位的，是教育的终极目的。好教育需要有好老师，什么样的老师才是好老师？"有情怀、有担当、有原创精神"，这些是好老师必须具备的。有情怀的人，一定不是功利的人，而是具有超然的情怀、本土的情怀、懂感恩的情怀。能担当的人，一定是有责任感的人，这样的担当，会以民族为重、国家为重、社会为重。有原创精神的人，有感悟能力、审美能力，善于求知、求异、反思，这样的原创精神，能推动人类文明的进步。以老师的情怀孕育孩子们的情怀，以老师的担当精神锻造孩子们的担当精神，以老师的原创品行影响孩子们的原创品行。师生平等，相互尊重，相互理解，师生共同成长。而这些理念已经成为现实，成为学校的日常状态，唯有如此，才是好教育。

　　　　　　　　　　　　　　　学校是美的

拥有好教育的学校才是好学校。当下所谓的许多"好学校"已经变异。"好学校"成为世俗化的概念,"好学校"仅仅把学业提升、升学率作为唯一或最主要的评价目标。圈养孩子,根本谈不上师生的生命成长,谈不上情怀、担当、原创精神。这样的"好学校"的存在、发展,又是以影响、牺牲其他学校的生存、发展为前提的。就一所学校评价、衡量一所学校,可能与把这所学校放到整个社会背景、整个区域的整体的教育背景中去评价、衡量后,得出的结果是不一样的。假如,一所学校的兴起与发展,影响、制约了某个区域的整体的学校的生存、发展,这样的所谓"好学校",其实,不是真正意义上的好学校。我以为"好学校"是一种赞誉,这样的赞誉不只是品牌学校、优质学校、示范学校的专利,所有的学校都能成为好学校,无论拥有怎样的条件,只要是能办出好教育的学校,就是真正意义上的好学校。

2014 年 11 月 4 日

新春的愿望：让学校回到童年

　　今天是新春第一天。第一天是一个美好的日子。我把自己最美好的第一天的情感献给谁？是我看到的第一朵小花、遇上的第一缕清风，还是我听到的第一声鸟鸣？是的，它们都是需要的。但作为一个教师，我以为还是献给我所从事的那一份职业为佳。所谓春天，是在寒冷中孕育的生命开出了花。所谓春节，是在枯枝残叶中绽放的第一朵花。校园的墙壁上，今天就呈现这样的景象。春天是新的生命的开始。同理，我们可以这样说，学校是社会的"童年"，接受教育是孩子们开始的真正的成长。学校应该是春天，每一天、每一时都能够弥散着新春的气息。

　　可是，今天的学校太"成熟"了。人们希望学校能"硕果"累累挂满于枝头，并期待这个愿望能够成为普遍的现实。在实际的校园生活之中，我们抵制"幼稚"，常常以成年人的意志、情感、言行要求孩子们。换言之，以社会的要求要求孩子；以成人的"模型"、社会的"模型"塑造或雕琢孩子，并以能实施这样的教育的学校为好学校。希望孩子不要犯错误，更希望孩子成为完美的人，没有缺点。

　　让学校回到童年，就是让生命回到他们本不该回避的起始阶段，让教育回到原点。学校的本真、本色真的很重要，那才是新春的气息。我们教育的责任，教师的职责，就是要尽心尽力地保护这一切。我以为，小孩子时的故事，真无所谓对与错；小孩子在学校里犯一点"错误"，真无所谓对与错；做操时动作不到位，上课迟到，给同学起个绰号，我相信我们每一个人身上都会发生这些。这能算错误与缺点吗？与同学吵吵架、打打架，拖学业、做错作业，也都是常态，根本不必呵斥、阻止。这都是生命在春天里的成长，要宽容地对待这一切。

人生的变化是无常的。一个对世界、对未来充满好奇的孩子，也会从天真变得世故，从无邪变得有心机。学校的责任，是要竭力地保护好孩子们童年、少年时期的那一份真诚、天真，保护好这些，也许对他们一生都有用。我们需要培养一双处处监视别人、举报别人的眼睛吗？对同桌都保持疑惑、疑心的孩子，任何时候都可能向老师打小报告的孩子，长大了会是什么样子？孩子的考试分数多一点，少一点，真的没有多大的意义。不同的小孩，处境不同，境遇不同，性格不同，我们要允许、守护这种不同。从孩童，到他们成人，有一段路程，既漫长又短暂。在成长的过程中，风雨与阳光对他们同样重要。

年前，我校组织高一的部分学生去苏州郊外砚瓦山进行科普考察，师生自带地质锤，寻找散落在那儿的化石。走在郊野，孩子们兴高采烈，有的听话，有的不听话。听话的孩子，采集到了辨认容易的贝壳、植物叶片；调皮而不守规矩的孩子，发现了极为罕见珍贵的海星化石，那还是当地第一次发现棘皮动物化石。旷野里的童真，是美妙的品质。我们需要孩子们一味地听话、规规矩矩吗？孩子如果有一双好奇的眼睛，视野与视点就会不一样。他们会与成人不一样，尤其是与"成熟"的成人不一样，会有独到的发现。

我们今天的学校培养目标，是需要反思的。只是提出让孩子能适应社会，是不够的。我们的孩子绝不能被动地去适应社会，我们还需要他们能够去引领。以今天学校里的童趣、童真去影响未来社会的童趣与童真。社会一旦所谓"成熟"了，意味着它开始老朽了、衰落了。社会的童真、童趣，需要由一代又一代的孩子们来回归、保护。对孩子们来说，对他们成长的最大影响在哪里？在学校，在学校的耳濡目染。同样，对社会来说，在它的发展中什

其实，我还在原地，我从没有离开你。——《我正向你走来》

么才会产生最大的影响？是今天那些正在校园里行走，正在教室里读书的孩子们。

今天是新春的第一天，俗称春节。在这座古城里，纵横交错着一条条小河。岁月在小河中流动，我希望新春的思绪能激起涟漪。粉墙黛瓦的学校，一阵春风吹过，又一阵春风吹过。在如此美好的环境下，我们对学校的思考，对教育的思考，对我们自身教育行为的思考，是不是也能"返璞归真"，也能"天人合一"呢？让学校回到童年，特别是中小学的学校回到童年，不仅是浪漫，更是现实。要让我们的孩子们一生淳朴，首先学校要始终淳朴，老师要一生淳朴。腊梅花开过，紫荆花又在枝头绽放了，玉兰花、迎春花、桃花、梨花都会次第烂漫。此刻，我坐在校园里，我希望我的思绪不会只是一个凄美的春天的幻想，也不是校园里的一抹清雅又哀怨的梦痕。

2015 年 2 月 19 日

学校是美的

教育的坚守是一种美丽与超越

　　校园是历史，也是现实，可以连接自然与文化的生态，是我们一再的祈求与追求。如何继承？在继承中创新，并把我们当下自己的教育价值观融入优秀的文化传统，留给未来，是我们这一代人的使命与责任。我一直有这样的信念：未来，不仅仅属于未来，还将属于优秀的传统。前人，以及我们自己，所经历的事情，事件中所呈现的思想、理念、情感、态度、价值观，也能够成为优秀的文化传统中的一部分。教育的责任与义务，就是传承与创造人类的文明。从做校长的第一天起，我就怀揣着这样的愿望：在最微观的学校领域，实现我们民族宏大的理想。

　　坚守是走向卓越的开始。传统是前人留下的遗产，优秀的传统是前人留下的高贵的、有价值的遗产。我们学校从创办的那一天起，就坚持"诚朴仁勇"的校训，演绎到今天，成为校园文化精神的"质朴大气、真水无香、倾听天籁"，它们是一种渊源关系，有文化上的一脉相承。学校有太湖石，那是大自然的造化与千百年来的历史文化积淀。东方的太阳冉冉地升起的时候，把第一道光彩照在瑞云峰，以及周边的那些千姿百态的原石身上，是何等美妙！象征着这个园子历史精华的石头，似有灵性。晨光之中似与人语，向每一个走来的师生鞠躬致意。走在校园里，我常常对满地的落叶，也能给予更多的关注。曾经的盛开，曾经的美丽，如今都是昨天。不过，在它们消逝之前，无论在道义上，还是在审美的意义上，我都要说一声"谢谢"。满地的金黄，应该把它们看成是满地的灵光。我要求师生不要随意扫去落叶，留下它们的身影，留下它们最后一次仍然成为主角的身影，那本身就是一种象征，对历史的尊重。我们的校园是充满感恩气息的校园。这样的地方随时随地都能激起人们的怀想。面对反复叠加的岁月风霜，我唯有敬畏。

继承传统，本质上是一种对话。历史记住了应该记住的，历史也把当下的功过得失，通过历史的影子，反馈给我们。我们学校有一个很好的传统，每一届学生都有一个纪念物。杨绛那一届毕业前留下的己巳亭还矗立在梅岭上，何泽慧那一届留下的摩崖石刻还在西花园，那些来今雨斋、凝怀亭、丰迹碑等都是校友留下的"丰碑"。那是同学们毕业前，用勤工俭学得到的一点钱，为母校留下来的念想。这个传统曾一度中断，我当校长，又把这一传统延续下来了。起步石、芳草天涯石，还有一百周年时的一百届学生的"童子读书图"像纪念，以及恩钿月季园、杏园、樱花园、毓园、羽轩等，都是学生留下的念想，成为学校永恒的财富。

同一个校园，在不同的季节呈现变化，每一天都不一样，需要我们去体悟。此刻，又开始了新的真正的春天。百花次第开放了，阳光焕发出金色的光彩。课间，正看到高三的师生在拍集体照，距今年的高考还有 100 天，要留一个历史关节点的合影。校园的春天，恰是因为有这样含苞欲放的学生。所谓春天，是在寒冷中孕育的生命开出了花。此刻，校园的墙壁上，就呈现这样的景象。长达园的园里园外，弥散着新旧交替的新春气息。春回江南了，校园里的玉兰花也含苞待放了。生命的轮回，也昭示着世界的变化。变化中的痛楚与幸福，也是轮回的一部分。校园中有一对石狮子，是几百年前的旧物，经过岁月的磨砺，成为文化遗产。事物本来无所谓有意义，但我们都赋予这些历史的遗存以教育的内涵。校园东部为体育与艺术教育区。有以校友杨绛的字命名的"季康馆（体艺馆）"，有以校友张羽，即《红岩》的责任编辑的名字命名的"羽轩"。有以原台湾清华大学的校长沈君山的名字命名的"君山亭"，他的父亲母亲也是我们的校友、费孝通的老师，也都是了不起的科学家。还有供师生表演的舞台"康乾台"，因当年康熙、乾隆曾于此看戏而得名。绵长的历史，成为气息，感恩与畅想同在，每天的阳光照在校园里，美与爱交织在一起，一派祥和。

走了很多地方，走了很远的地方，发现自己喜欢的其实很简单也很平常——安静、原生态、充满生命的气息。走了很多地方，走了很远的地方，当找到这样的地方的时候，又发现，这样的地方其实就是我们身边的校园。有时真不必舍近求远，对教育的追求，对真理的追求，对生命意义的追求是一样的。关键，我们要用心。在有限的空间内营造无限的天地，是苏州园林的境界。我们校园在十年前，修旧如旧，修旧守旧，一个重要的方法，是对廊道的恢复与再造。廊是过渡，廊是延伸。一步一景，移步换景，庭院深深，都是从这里开始的。教育也一样，课堂也一样，也要有境界，也要有"廊道"，什么都不能一望无余，要有层次。高中的课程基地建设，它的意义会在未来凸现出来，会带动整个高中教育的整体变革。我们的诗歌教育课程基地，为学校的发展增添了动能，坐落在杏园，它是一个载体，会超越具体的时空限制。我们还在筹备"科学创新课程基地"，坐落在东部的迎枫园，实现人文与科学的统一。

校园应该是师生自由、快乐的阅读世界。总感觉今天的图书馆的概念应该发生改变，学校图书馆的时空界限，应该被重新划定。孝通图书馆坐落在学校最西边，它虽然典雅，但仍处一隅。学校的图书馆需要拓展，可以使之与整个校园吻合。师生周边的世界，都是书的世界，就像阳光，无处不在。这几天，正在期中考试，中午休息的时候，学生坐到了西花园的草地上。休憩、休闲，很惬意。校园不仅仅是严肃的、紧张的地方，还应该是能够优雅、悠闲、放得开的地方。

多年来，我们总是强调"日新月异"，总是突出"变化""改变"，总是要求"旧貌换新颜"。在物质层面是这样，在精神层面也是这样。如何对待"传统文化""优秀的教育传统"？坚守或许更为艰难。江南自古就是一个教育文化发达的地方，特别是近、现代。江南的百年老校何其多，但是，如今有多

四季有四季不同的姿态容颜。一伸手，一投足，都与天地山川、万物生灵相呼应。

少还能相对完整地保留下来？近十多年来，中小学得到从未有过的大发展，与其他领域一样，大拆大建，留下了诸多遗憾。许多有着历史遗迹的校园、校舍，都被拆除了，消失了。追求高、大、上，以西方建筑的物质形态为样板去建设，丢失了自己最宝贵的文化传统特征。历史，在重建与改造中，被轻易地如计算般"归零"，取而代之的是所谓的"哈佛红""哥特式"，仿佛如此就是现代化，就是融入国际教育的潮流。甚至，校园里，百年的老树都会被重新挪动位置，为新的校园格局让路。人移活，树挪死，百年老校的活见证，往往都逃脱不了被消失的命运。

在潮流之中，能坚守，需要意志、信念的支撑。坚守，包括物质与精神两个方面。振华堂以西为校园西部，振华堂以东至一麋楼为中部，西部是文化区，中部为教学区。寒假之中，学校悄无人息。阴天的时候，没有阳光，只有历史的气息与现实的氛围交织着。那时，正处于冬末初春的季节，细雨之中，不见人影，只闻鸟声。与阳光下的景致相比，学校却另有一种风情。最寂静的时刻，是最有念想的时刻。

雪花是春的使者。在最萧瑟的景观中有最温暖的殿堂。在最严冷的季节里，有春天的种子在萌芽。冬季里的花，是冬天渴望春天在大地上写下的诗行。我们学校是以明清的建筑风格为主的，但是还有几幢民国的建筑。整个校园，同处于和谐的吴文化的整体风情之中。教育也一样，需要坚守，同样需要开放。坚持本土化的同时，不忘国际化。长达园里的泽慧楼，是学校的实验楼，被称为最不像实验楼的实验楼，充盈着人文气息。教育不是单一的品质，在我们强调科学的时候不能忘了科学，在我们突出人文的时候，两者交融，相互渗透。给孩子们一双翅膀，一对辩证的翅膀，才能飞翔，对人来说，是这样，对学校来说，也是如此。如何继承传统与创新未来，把握住坚守与变革这对矛盾关系，是时代的课题，也是教育的永恒课题。

2015 年 3 月 21 日

学校是美的

做老师讲效率更要有情怀

在众多繁杂的工作事务中，教师，包括校长，如何有效地分配、使用时间？这不仅仅是一个效率问题，还是一个理念问题，直接关系到对教育的理解，关系到对教师（校长）岗位的理解。它的实质是：我们做一个什么样的教师（校长）？有什么样的教育信念、教育理想，就会有什么样的教育实践、教育行为。时间问题，即效率问题，更是情怀问题。我们怎么做？做什么？对此，我谈一点粗浅的看法。

首先，必须明白"我是谁？"什么是我该做的，什么是我不该做的。我们常常只知道我们该做什么，而不知道我们不该做什么。做校长是这样，做老师也是这样。包办是通病，做教研组长、班主任会包办，做一个单一的学科教师也存在包办的问题，不敢放手让学生自己去做。这样的事例比比皆是。故管理上，我推崇文化管理。价值引领是最重要的。在我的眼里，学校的老师都可以当校长。每年，我在学校只作两个报告，其他的都让老师自己在教师大会上（我把教师大会开成专题会）作报告，讲理念、讲案例、讲实践、讲得失。日常实行"扁平化管理"，引用"动车组原理"，为各部门、各位老师提供在学校工作总框架内"创新、创造空间"，将精细化的管理交给老师们自己。营造一种学校管理的"自然生态"，并经常告诫自己：不把浮躁当热情，不把功利当高效，不把无知当睿智，不把自以为是当实事求是。

其次，学会使用零碎时间。时间也有边角料，使用好时间的边角料，就

感悟，在每一次凝眸中，你始终淡然、坦然、超然地呈现自己。

能把一天当两天用，这也是提高工作效率的关键。每一个人的每一天的时间都是一个定量，都是一样的。我把整块的时间用在教育教学的日常工作上，零碎时间用在写作上。在两个会议之间，假如有半个小时，或一刻钟，我会写一首诗。假如出差，飞机上、火车上有几个小时的空隙，我会写一篇散文。坐在汽车上，颠簸，不能动笔，我会闭着眼睛思考、构思。养成习惯之后，晚上睡觉，于梦里也会构思，常常思路如行云流水。还要学会一心多用，运用统筹学，学会同时做几件事情的本领。不能只是会"串联"，还要学会"并联"。比如，我参加学校的师生活动，参加完活动，我的一篇相关的活动散文就出来了。每年学生要行走六十里路，途中总会遇到许多感人的故事，行走结束，我的"游记"也就出来了。出去旅游三五天，三五天结束，可能一篇工作计划，几篇教育随笔、文学游记也出来了。但一回到学校，早跟旅游做了一个了断，又投身于日常的工作之中了。

学校是美的

上述看似是一个工作、生活习惯问题，其实，这是一个思维习惯问题，要有"边缘思考"的能力，即站在边界上思考。边界上的视野最宽，边界不局限于某一点、某一方，而是能眼观八方。我改造校园的时候，站在园林与校园的边界上思考。我当校长的时候，站在做语文老师与做百年老校校长的边界上做事。我做语文老师的时候，站在语文老师与作家、诗人的边界上行走。站在边界上，会有不一样的感悟与感受。我常常很随意地把两个场景放在一起，想看出两者之间的联系。从两个场景能获得什么感悟？我们的审美价值如何体现在这两个场面之中？世界上的任何事物，我们都能找到它们之间的关联。我们没有感受到他们的联系，只是还没有把握这种联系。面对校园里的小花小草，我会遐思：美丽原来可以这么不起眼，生命的美丽原来可以根本不在乎短暂。有些事物可能会永恒，但有些生命的到来与消失，仅仅在太阳出山与落山之间。唯一的可贵在于——淡然、坦然、超然，我只以我自己的方式呈现于自己面前。生命的状态，就当如此，丢掉功利，进入自我关照的审美境地。有我无我，都是自我。因此，我最后想说，时间问题，看似是一个效率问题，其实，还是一个情怀问题。做一个有情怀的老师（校长），在面对繁杂的事务时，自会游刃有余。

2015 年 4 月 9 日

坚持"标准"，还要超越"标准"

教育部制定了《普通高中校长专业发展标准》（以下简称"标准"），引发了一些热议。赞同者有之，诟病者有之，反对者有之，各执一词。

我以为，凡评价都不能绝对化。绝对是因为片面，片面是自己站立的位置不对。站点不对，视野一定不对。绝对也因为自己站立的位置太低，只是从自己位置的视野去评判事物，因而缺乏高度与整体性。绝对，乃至片面、高度不够，导致没有全局性观念，是我们基层的中学校长常犯的毛病。对"标准"的看法、态度，也是如此。

"标准"的价值，在于能够规范、引领校长的专业发展

我以为，"标准"是一份能作为"标准"的"标准"。"标准"要具有普适性，要符合国情；适用于东部，也要适合于西部；适用于先发地区，也能适用于后发地区；适用于一般高中校长，也能适用于重点高中校长。这是一个高中校长最基本的专业发展标准。"标准"的价值，在于它能引领校长的发展，至少能"规范"校长的专业发展，提出了作为高中校长必须做到的底线。校长的发展，不能随心所欲，不能成为一棵疯长的树。校长不是一种自由职业，他代表国家对学校进行管理。

陶行知曾说："国家把整个的学校交给你，你要做整个的校长。"怎样才是做整个的校长？"标准"告诉你哪些是校长该做的，又告诉你哪些是校长不

　　　　　　　　　　　　　学校是美的

该做的。比如，第一部分"办学理念"的第三条"引领发展"，提出了校长引领学校发展的具体要求与内容。从理念到制度、机制，以至管理的方式、形式的选择，"标准"都有明确的规定。

校长与学校的关系，是深入其中引领学校按正确的方向与轨道不断发展的关系。校长如何引领？必须依靠科学与民主。这样的"校长标准"，不是把校长管死，只是管方向，只是铺设轨道，校长还有自己的发挥空间。科学与民主，这两个概念的内涵非常丰富，校长完全可以创造性地选择与发挥。

对校长而言，什么是该做的？什么是不该做的？自己首先要清楚。否则，做得越多，离岗位的本质要求越远。

"标准"来源于实践，而不是凭空想象的产物

有人认为"标准"缺乏新意。我则认为不能如是简单否定它。有没有新意，不是评价事物好坏的标准。"标准"不是凭空想象的产物，也不是理论家坐在书斋里的产物，它是以校长们长期的工作实践为基础，再经过科学地提

最宝贵的真实，是生活中的不经意。

炼之后得到的产物。它本来就来自我们的学校日常生活，理所当然都是"似曾相识"的"面孔"，这正说明它的价值所在。规律性的东西，不会是"日新月异"的。事物最本质的东西，是具有强大的稳定性力量的。

比如，第二部分的"专业要求"第二点的"营造育人文化"，提及"营造体现办学理念和学校特色的校园自然环境和人文环境"。这是对十多年来学校校园文化建设实践的一个充分肯定。校园，本身就是教育的一部分，校园文化建设本身就是学校发展的一个重要方面，它不是校长可做可不做的工作，而是一项明确的工作职责。"标准"对此提出了高要求，这种校园文化建设，是应该与学校的发展特色联系在一起的，是学校提倡的教育理念的物质呈现，一草一木、一砖一瓦都是。仅仅这样做还不够，还必须将文化环境与自然环境放在一起做，两者相呼应、相吻合。"标准"把我们一线校长多年来校园文化建设的实践，肯定了下来，并作为约束校长办学的工作准则，绝不能以它不"新"而予以否定。我以为，对教育来说，对学校来说，有时"坚守"或许更难、很重要。

一个好校长，不是仅仅按"标准"操作就能实现的

话又说回来，一部"标准"，是不是能彻底解决"校长专业发展"问题呢？在我看来，校长发展与教师的发展一样，本质上还是人的发展。校长的共性是寓于每一个校长不同的个性之中的。追求学校的个性，其前提条件是校长，包括教师要有个性。鼓励校长做一个有鲜明特色、鲜明个性的校长，首先这个校长必须是有鲜明个性的"人"。

校长是什么？校长首先是"人"，作为"人"的发展，本质上是"生命成长"。校长在教师队伍中又是肩负着特殊使命的特殊的"人"，他在教育的岗位上，本质上是一个教师，作为"教师"的校长，应该具备什么特别的素养与能力？"标准"提出了"校长引导教师发展"的专业要求，能引导别人发展，首先还必须自身发展得好。对一个"教师"校长素质与能力的要求，绝对不

是"教师的素质与能力"加上"校长的素质与能力"就可以了，而是需要两者的融合。如何融合？如何实现最佳的融合状态？这些也都是需要认真思考与研究的。

一个好校长，不是仅仅按"标准"操作就能实现的。要让一所学校真正发展得又好又快，在这些"标准"的后面，"情怀""原创性""担当"等品质，或许同样不可缺。尽管这些品质没有被纳入"标准"，算不上"专业素养与能力"，但其作用可能不会亚于已被列入"标准"的那些"专业素养与能力"。

尽管如此，我还是坚持认为，有"标准"，一定会比没有"标准"要好——它可以整体提升高中校长的专业水准。但有了"标准"之后，不能仅仅满足于此，在达到一定的层次之后，特别是专业层次以后，要积极地超越"标准"，以实现校长自由自在的办学境界——所谓学校管理上的"天人合一"的美妙境界。

2015 年 4 月 28 日

保护孩子的原创品行

　　关于家庭教育，我早就想说说我的想法。我在中学做校长，会面对许多无奈，其中最大的无奈，是要面对许多家长，包括身为教师的家长对教育的理解以及做法。她们（为何用"她们"，而不用"他们"，是因为女性居多）以为，孩子学得越早、学得越多越好。几乎从幼儿园（甚至更早，从幼儿小小班）起，就让孩子参加课程体系培训，连节假日都被排得满满的：学钢琴、外语、书法、舞蹈、乒乓球等等，没有一点空暇。孩子们正式进入学校了，除了学校教育之外，还要外加补课，孩子们几乎只有一个世界——读书的世界，其他所有美妙的世界都被关闭了。如此的家长，往往又很固执，坚持己见，听不得劝解；往往又很焦虑，对孩子的学业格外敏感，孩子的成绩稍有波动，就惶恐不安、夸大问题的严重性。当下，这类现象竟然还很普遍。

　　我以为，这样的家长已经进入了误区。我曾经听过一个讲座，虽然已经有好几年了，但我还记得，那个讲座不是专讲家庭教育的，是讲科学创造的。主讲人是英国皇家科学院的院士宋永华，英籍华人，生于四川，是改革开放以后第一批去西方留学的人。西安交大与英国利物浦大学合作在苏州创办了"西交利物浦大学"，他作为英国利物浦大学的副校长被派往中国担任"西交利物浦"执行校长。洋洋洒洒两个多小时的讲座，可我只记住下面一段话，他说："我之所以有今天，在科学发明上有一点成绩，要归功于我的母亲。我母亲是四川大山里的一位普通的妇女，她不识字但很淳朴，就是这样一位母

在自由的空间，驾驭想象、梦想，哪怕是幻想。

亲保留了我儿童、少年时代那一份最初的最宝贵的原创品行，她给了我儿童、少年时代最大的自由。"说得多好啊！假如宋永华从小也是被父母"逼迫"着读书学习，进入如车间流水线一样有程式的规范训练，那种思维的火花，即使星星点点，还会燎原成以后宋永华的科学发明创造之火吗？

这几天，闲暇读书，我看到两件旧事。一件是讲梁漱溟。民国初年，梁漱溟从顺天中学毕业后报考北京大学，不意未取。梁回家发愤说："我今后一定要够得上叫北大请我当教授。"1916年，二十四岁的梁漱溟发表《究元决疑论》一文，蔡元培看后，聘请梁到北大任教。另一个是讲沈从文。1917年旧历七月十五中元节，十五岁的沈从文入伍当兵了，"这时，天已慢慢黑下来了，河面上已起了白雾。一群野鸭子一类的水鸟，在暮霭中接翅掠过河面，向对岸飞去。我感到异常孤独，心里酸酸的，有点忧愁，有点伤心。我明白，生命开始进入了一个崭新的世界。"这两个大名人的少年故事，多能说明问题啊！少年时的"志向与情感"，那是一个人一生的"底色"，梁漱溟无畏的志向，沈从文细腻的情感，原来在不经意的少年期就悄无声息地养成了。少年时候已经决定了他们的未来。

作为父母，我以为最重要的是要真正理解教育，不能似是而非，以为自己是懂教育的，以为是在为孩子做根本的事情，其实是南辕北辙。教育最低的层面是技术，如知识的传授等，这些都需要，但不能忽视了根本。培养孩子们的情感，提升他们的思维品质，保护好孩子们的那一点点最澄明、最淳朴的原创品行，才是我们更应该关注的。爱因斯坦早就说过：想象比知识更重要。要让孩子们有想象的自由与空间，哪怕是幻想，许多灵感就源于幻想。让他们不仅仅关注书本，更要亲近大自然的一草一木，一个情感丰富与饱满的人，才富有创造力和想象力。我们要给孩子们空间，从某种程度上讲，童年、少年时代的空间有多大，未来他们人生的空间就有多大。家长们，今天的家庭教育，第一是放手，第二是放手，第三还是放手。

西花园情怀

有爱
有梦
有你在我心里
——《我还走在小巷》

这个园子生生不息

一

　　这个园子，是不一般的园子。它曾是清朝苏州织造署的花园，今天是我们校园的一部分——西花园。这是个神奇与神圣的园子，红学专家周汝昌说，曹雪芹诞生于此。我原不敢相信，近日我去北京香山，到了黄叶村曹雪芹故居，即今日的曹雪芹纪念馆，只见墙上赫然写着"曹雪芹生于江宁织造署，或苏州织造署"，才相信这可能是真的。曹雪芹不一定生于西花园，但他曾在西花园生活过，却是千真万确的。西花园，有几株三百多年树龄的桂花、圆柏。桂花茂盛，圆柏苍劲。每当我走过它们身边的时候，我就会想象当年曹雪芹在此树下的情景。曹雪芹，那时还青春年少，似乎应该会像贾宝玉那般顽劣，可这个园子的山石清流，修竹清风，一定会让他灵动，使他充满灵气。

　　这是个钟灵毓秀的园子。曹雪芹走后，过了一百多年，苏州织造署成了一所学校。两个像曹雪芹一般大的孩子来了，男孩是费孝通，女孩是杨绛，他们在一个班里读书，或许也是这个园子的灵气，让他们不一般，他们之后都成了大作家大文豪。又过了几年，这个园子又走进来了一个女孩，也如杨绛当年进来的时候一般大，她叫彭子冈，走出去以后，成为当时最有名的记者。这些孩子们在这个园子里学习是有福的，这里不仅有山石清流、修竹清风，更主要的是有一些好老师。蔡元培会来给他们讲美，胡适会来给他们讲大观园，后来，叶圣陶也来了，给他们讲写作，张羽随后也来了，就是那个发现与编辑《红岩》的张羽，当年他自己也很年少，他与比他小不了多少的孩子们，坐在西花园的草地上，讲文学，讲人性。

二

这个园子的过去，让人骄傲。历史的气息，文化的气息，文学的气息，名人的气息，弥散在这个园子里，是这样的浓郁。

秋天，是这个园子最美的季节。从古色古香的大门进来，走过一条条回廊，砖雕石刻；穿过一个个门洞，曲径通幽。进入西花园，金黄的银杏树，在夕阳下，端庄而艳丽。微风一吹，叶子纷纷而下，金黄又斑斓，铺满地上。多祉轩前的龙井，泉水清冽，照得清人影，井栏井床上，也落满树叶，有银杏叶，有梧桐叶，一个金黄，一个枯黄，踩在上面，让人心生宁静。如果，下着淅淅沥沥的雨，更惹人秋思。雨停以后，园子里万籁俱寂，树上的雨水，地上的雨水，假山上的雨水，粉墙黛瓦上的雨水，像露珠滴下以后，留下的痕迹，微微闪着光亮。人走在这个园子里，景清新，人也清新。不过，这时候，也会涌上忧郁、忧虑与失落的情绪。

这个园子，太有积淀，太有底蕴了。就像这个秋天，在阳光下，呈现金色，满园的桂花香，在青青翠竹间，在黄绿错杂的草地上，弥漫，荡漾。特别是在落日熔金的时刻，那一道道晚霞的返照，落在整个园子里，那不仅仅是艳丽了，还有一种沉重，就像这血色的、斑斓的光彩，把人罩住，紧紧地罩住，让人在辉煌中满足得喘不过气来。

我们的前辈，太伟大了；我们的校友，太杰出了，以至于我们常常生怕在这个园子里，迷失自我，找不到自己未来的出路。

三

我曾写过一首诗《在这个园子里，遇见你》，"在这个园子里，遇见你，是我幸福的开始。"我不止一次地引用，我们的老师，我们的学生，也都在不止一次地引用。这诗句，真实而真切地道出了这个园子里所有人的心情。这个园子，来过太多的人，即使有的只是短暂的逗留，也都会给我们带来意想不到的惊喜。

2010年春天，一位诗人走进了这个园子，他就是《教师月刊》的主编林茶居先生。坐在西花园里，春天的阳光照在身上，温和而清爽。园子里的枫树，长出嫩芽，火红火红的，如星火在树上燃烧。海棠花，一朵朵挂在树上，像一个个粉红色的小灯盏。瑞云峰下池塘边的迎春花，伸出了枝条，枝条上绽满花蕾；来今雨斋、凝怀亭畔高大的银杏树、梧桐树，伟岸地矗立在那里，生气勃勃，满树满枝也都绽露出新叶。和煦春风中，我与茶居讨论教师成长问题。在这个园子里，在茶居诗意的启发下，我说出了如下的见解：现在，我们提倡的教师专业发展，窄化了教师的生命成长。很荣幸，这次谈话，被茶居整理成文，作为专访，后来刊用在《教师月刊》上。他对我的"不能把教师岗位变成一潭死水，要把这些水引出去，要让它活起来"这句话，格外赞赏。

又是一年，2011年春天，茶居又到了这个园子里。这一次他不仅仅与我坐在西花园，与我聊天，他还与我们的一批青年教师谈天说地。他敏锐地察觉，这是一群富有诗意的人。

几个月以后，《教师月刊》为我们苏州十中教师做了一个诗歌专辑。这是这本杂志第一次做学校专辑而且是诗歌专辑。他在"编者按"中说：我问自己，是不是因为个人偏好？后来细想，在这"诗歌"的背后，其实是一所学校所可能打开的精神世界。

四

《西花园的风》是我们十多位老师的诗歌专集。出版社编辑曾问我，为什么用"西花园的风"这个书名？我告诉他，《诗经》中不是有"风、雅、颂"吗，西花园是我们的校园，这个园子是孕育诗情的地方。西花园的风，是生命之风，是我们老师对生命，对生活，对生与死，对无始也无终的时间与空间的追问。它似乎超越了时尚的"教师专业发展"这个提法与用意。

银杏树叶落下后，到了来年春天，百花盛开同样让人流连。花开花落，都洋溢着生命的气息，这是这个园子的本质。西花园过去是灵动的，今天同样是灵动的，这种灵动是生命的灵动，而之所以灵动，其根本是人的灵动，是在此生长的、成长的人的灵动。对一草一木，都有感悟，对月圆月缺，都会有触动，对失落与希冀，都会欣喜或疼痛。

唐岚老师说，阳光下素来不缺少新鲜的事物，缺少的只是对生命异常灵敏的喜悦与疼痛，诗歌便源自于这种体验，并且几乎所有的智慧体悟也都源自于这种体验。她还说，穿透文字缤纷的表象，穿透时间与空间，去触摸精神的本质，这就是诗歌从精神层面达到的高度。要达到这个高度，除了要有精神潜能，还要将智慧形态纳入其中，以此来明晰地表达人性的本初、哲思的意向。她的《衔枚疾走》何尝不如是？"封存了所有的语言／只向着一个目标疾行／如果生命也可以这样／可以无视夜空里绽放的繁星／可以切断池塘里／有关睡莲与蛙声的记忆／可以拦截熏人欲醉的南风／可以屏蔽掉一切／有关于你的讯息／那么／请为我系上一支枚／就让它横亘在／我的心里"。此诗，如此缤纷的意象和画面，如此凄美与执着的感悟，源于什么呢？

郑静老师的《定风波》："一切的风起云涌／一切的狂喜与落寞／都已挥霍成空／此刻　只剩一蓑烟雨／和旷野处　怆然回首""远去的背影里／逐渐显现出来的诗句／其实是一个／慢慢了悟的自我／无挂碍故　无有恐怖"。同样，此诗有渴求，有希冀，这些感触直接诉诸美丽而又落寞的意象。"时光"和"生命"，在她诗中，是一种无处不在的记忆，更是由记忆而生发的深深的触动，不是吗？在诗中，我们重遇了自己，而每一首诗，都是一条走回内心的路。

袁佳老师的《邂逅》："据说　这一场与春日的邂逅／常在三月永不褪色

　　　　　　　　　　　　　学校是美的

的油画里／也可染上满池烟雨的水墨／早已忘却故事应该怎样开始／淅淅沥沥的雨中　依稀／摇曳着新绿"。不是吗？当春天来临，姹紫嫣红，这些春的消息，难道不会牵引出诗人生命里最深刻也最饱满的情愫？这仅仅也只是来自一个人的极具生命张力的故事？

每一个诗人，都是哲学家；每一首好诗，都是诗人对这个世界所做出的理性而哲学的思考。在这个园子里，师生写诗，已是常态。在我看来，这些诗作，是我们老师们自己生命的异常美丽的呈现。

五

2011 年秋天，在西花园，举办了全国首届中学生校园诗会，包括西藏、新疆、甘肃、贵州在内的全国二十三个省份的师生相聚在西花园，写诗，朗诵诗，不评奖，也不排名次，只是抒发情怀。华东师范大学副校长任有群先生参加了诗会，他说，他读书的那个年代，数学系的学生都在写诗，而今天连中文系、文学院的学生都不写诗了，何其悲哀。

我又想到了林茶居，林茶居先生是在这之前——2011 年 9 月做的第一个诗歌专辑：苏州十中教师诗选。对我来说，他的按语，比这些教师之诗本身，更有意义。他说，这些年，苏州十中兴起诗歌运动，面向全国，办诗刊，做诗会，鼓励有兴趣的学生、教师写诗、吟诗，可谓风生水起，满目葱茏。或许，这在当下日趋平庸、势利、固化的教育文化语境中，显得有点格格不入。不过我相信，苏州十中的老师们并没有察觉到某种"不自然"，他们只是认认真真地做自己认为值得做的事。他说，与音乐、绘画一样，诗歌本来就是人类文化最强大的传统，是人类最持久的言说方式之一。所以，从一定程度上说，这是他们对某种审美的学校生活的追寻与恢复。他说，诗总是悄悄作用于人的心灵、情感和生活，影响人与人之间的交往。我也相信，这诗的生活，已经成为苏州十中师生精神生活的一部分，并且是他们自我确认和相互肯定的心灵力量。他说，一个正常的时代，一个正常的教育，应该是这样子的：

在这个园子里，遇见你，是我幸福的开始。

你不会因为纵谈理想而被嘲笑，你不会因为卷入诗歌而遭尴尬。

时隔一年多，在 2013 年"3·21"世界诗歌日来临之际，茶居又在《教师月刊》做了第二个教师诗选，这次他是为莫言的家乡高密而做。他说，我所见到的高密，除了是一片教育的热土，还是一块诗歌的大地。这里，尤其是教育界，写诗的人、搞文学创作的人、热爱文字的人很多。那是一个中国的精神高地，莫言的成长，是不是与此不能分离？

让我感动的是，在这种场合，在这个时候，茶居还惦记着西花园，他说：值得一提的是，2011 年第 9 期，本刊也做过一个诗歌专辑：苏州十中教师诗选。

六

这个园子，生生不息。一个园子，如此让人感觉神圣而不可思议，它魅力的源头是什么？

历史，如此馈赠于我们，当下，我们何尝不应该让这个园子给未来准备记忆或礼物？

西花园诗群，这个时代的教师诗群，能出现吗？会出现吗？

我相信，正如唐岚老师《价值》中的诗句所言："遵循着　胸口稍左 / 那个坐标的指引 / 只顾朝着一个方向　前行"。

2013 年 4 月 30 日

校园是记忆也是开始

　　我们的校园真有些特别，自然之美与人文之美契合在一起。春天与秋天，学校更是让人赏心悦目与思绪绵绵。成为校园已有百年，百年之前的历史能追溯的还有数百年。数百年的历史，现在能在这块土地上直接表现出来的就是树木了。我们校园有三百多年树龄的桂花树，有三百多年的圆柏。春天里，这些树都发芽了。我们校园的魅力，不只是因为有它们，更美丽的是那些散布在校园里的花草，知名的与不知名的，都绽放自己的艳丽。不过，有没有想过，生命其实就是春夏秋冬里的轮回。那些老树就是名人，如一代一代相传的人。那些平常人、普通人，就是一岁一枯荣的花草，它们盛开在当下，以后就再不会有人熟悉它们，不会再有人记得它们。对我们来说，所有这些，无论古树名木，无论花草，都是美妙的生命，至少在当下，我们必须珍惜它们。

　　西花园最南面，是王鏊厅。这是一个学术报告厅，建成于 2004 年，是西花园内最新的建筑。这个厅掩映于花木丛中，有苏式园林的风味。笼罩于此的是感恩的气息。我们取名为王鏊厅，是为了纪念与这个园子有关的前贤王鏊。王鏊是太湖东山人，在明朝官至户部尚书。我们的校园曾是他的一处别墅。我们的创始人王谢长达，是王鏊的第十三代孙媳妇。她先是在自己家里办学，后来把学校搬迁到了这里。饮水思源，追溯渊源，我们就把王鏊的名字，作了报告厅的厅名。王鏊是文渊阁大学士，与他同时代人唐寅，曾赠予他一副对联"山中宰相无双，天下文章第一"，可谓概括了王鏊一生的特点。以他的名字命名，还有一层意思，以他为楷模，让这里成为真正的学术殿堂。王鏊厅门前圆柱子上挂着一副对联，是光绪帝的老师翁同龢写的"每临大事有静气，不信今时无古贤"。用此联，也有缘由。翁同龢与王颂蔚志同道合，是朋友。王颂蔚是王鏊的第十三代孙，即王谢长达的丈夫。进入王鏊厅前厅，有两幅照片挂在东面的墙上，这是前厅唯一的装饰。一张是全体退休教职员工的合影，一张是全体在职教师员工的合影，均拍摄于大厅落成前。学校的学术殿堂，我们教师是其中的主人，我们教师都要做饱学之士。穿过大厅，达到了最西面，有一条廊道，东面墙上，我们挂上了这所学校开办以来的历任校长的油画，油画是学校的老师画的，虽然稚嫩，但饱含敬意。油画的对面，有贵宾室。这样的安排也是有想法的，即每一个到这里来讲学作报告的人，走上讲坛时，必须走过这条廊道，必须瞻仰我们的先辈，这是对历史的尊重，对传统的致敬。

校园最西端，也是西花园的最西端，是图书馆，名为孝通图书馆，是以费孝通的名字命名的。费孝通当年在这里读书，与杨绛是同班。有一年费孝通回母校了，学校就请他给图书馆题名。他题了名，又落了款。后来，校园改造，图书馆搬迁，从校园中心位置搬到了这里。这里是西花园的角落，当时只有几间房子，是二十世纪八十年代校办厂留下的房子。我们就加以改造，用建造园林的思路加以改造，将之与西花园融为一体。用回廊把孤单的房子连接起来，两层就用两层回廊。立面，门窗，门洞，都是苏式古典的形式，如同园林的亭台楼阁。我们北上去拜访费孝通先生，告诉他，此图书馆想用他的名字命名。遗憾的是他已住医院，而且是在弥留之际。于是，只能征求他家属的意见，他们欣然同意。费老已经无法写字，我们想出办法，把他先前题写的"图书馆"几个字，包括落款，重新排列词序，重新制作，就成了如今图书馆外墙上的招牌"孝通图书馆"。孝通图书馆优雅、幽静。紧挨着孝通图书馆的是季玉厅，那里原是一块杂草地。十年前江南许多古乡镇都在改造，拆了许多老建筑。我们在苏州之外，用了很少的钱，买回了一个破旧亭子，加以改造，如今成了我们幽深典丽的季玉厅。季玉厅是与孝通图书馆融为一体的。季玉先生是费老的老师、校长，两人是师生。孝通图书馆与季玉厅是我们校园的日常教育活动场所，更是我们缅怀先辈的好去处。

学校有许多纪念物，有的是历史上的，有的是当下的，有一点是相同的——都是学生临毕业时留下的纪念物。校园里有了他们，就有了非凡的意义。学校有了这样一个传统，每一届毕业生也就都有一个纪念物留在校园里。校园不同于其他场所，校园是生命成长的地方。纪念物，是念想，是寄托，是历史与文化的记忆。那个小山坡上的亭子，是1928年杨绛那届学生留下的，每当我们见到杨绛，她都会与我们提到这个在她心里的亭子。每次我们走过这个山坡，看到这个亭子，也会想到杨绛那届校友在那里参加劳动，建造亭子的情形。记住历史，也要留下历史。每一届学生，临走之前也把自己的纪念物留下了，留下它们就留下了他们的身影。校园中什么最宝贵？——那些赋予了师生成长记忆的一草一木。它们由于有了历史的记忆而灵动起来。

我们校园有几个庭院，都是十年来修旧如旧的产物。其中一个叫杏园，原来是学生宿舍，两幢独立的楼。我们加以改造，加围廊，加门口，加半亭，使之成为一个园中之园。那年是2002年，我刚到学校，我们就以2002届全体毕业生的名义，在园子里树了一块石碑——杏园毕业纪念碑。前年，学校被江苏省教育厅批准建立"诗歌教育课程基地"，江苏省财政投入一百万元，苏州市财政投入两百万元，苏州市教育局为学校配套三百万元。我们把课程基地设置于此。南楼取名为"诗苑"，由著名诗人车前子题写。内部为诗歌资料中心、研修中心。苏州市诗歌协会秘书处，全国中学生诗会联络处，北京曹学会红楼梦诗词研究基地，以及"瑞云诗刊"编辑部等均安置于此。北楼主要为"诗歌教育情景"教室，体现了新的教学理念，情与境通，启发师生灵感。整个杏园有着浓郁的人文气息，东面墙上，有一幅巨大的砖雕，是红楼梦海棠诗社图。庭院内，现在枫叶露红，牡丹正艳，与何昭基、于右任、

弘一、沈钧儒等人的书法匾额、楹联相辉映。西边有一半亭，直通全国重点保护文物织造署衙门，曲径通幽。此地，是师生吟诗啸歌、陶冶性情的好去处。

暮春的校园，又是别样的情致。一切变得葱郁起来，葱郁给人一种稳重、成熟、踏实的感觉。它与早春不一样，早春烂漫，是小孩子的天真无瑕。与早秋也不一样，早秋的校园也妩媚，不过，总带有暮色将来的气息。暮春有春的特点，也有夏的特点。暮春与夏也不一样，就像跑步，夏是一场激烈的百米竞赛，而暮春是站在起跑线上，是即将开始的惊心动魄的等待，是所有的准备的一瞬间。我们校园里有桂花园，里面有许多两三百年的老桂花树，围着桂花园的是高大的香樟树。进入暮春时节的桂花园，如进入生气勃勃的森林，荫翳蔽日，又透露温曦的阳光。暮春的桂花园，鸟声婉转，坐在园子里的石条凳上，可以听不远处学生的书声琅琅，享受静谧，享受诗意的校园生活。

　　一场暮春的雨后，一切都变得清新起来。校园也是这样，每一个角落，都弥漫着期待的气息，阳光有些湿润，也有些温暖。校园里的一条条小路，通向幽深之处，有些明朗，又有些隐秘。下课了，孩子们走在这里，三三两两，有的由这条小路，到了草坪上，坐在那里看书，或聊天。有的由那条小路，到了图书馆、报告厅、实验室，开始了下一课的课程。一个理想的校园，操场是他们生龙活虎的地方，篮球场、足球场要见得到他们的身影。除此之外，还要有能让他们优雅的地方，要有能让他们优雅得起来的环境与氛围。曲径通幽，庭院深深，一步一景，移步换景，是园林的境界，也是校园的境界。常常关注校园里的小路，路虽小，但是它们其实是向远方延伸的，孩子们走过它们，到达明天，内心应该都是美妙的。

2014 年 5 月 6 日

学校是美的

梧桐树下振华堂

　　从孝通图书馆往东，看到的是振华堂，俗称大礼堂，是一处有历史文化底蕴的地方。有一个学生，春夏秋冬站在同一个位置上观察，并拍了照片，不同季节呈现了不同的色彩。他把这一组照片放到了网上，引来许多师生的赞赏。我也要像这位同学一样，守在这个位置，为振华堂留下倩影。

草木的内心，生灵的内心，也有一种虔诚的平静。

说振华堂，先要说西花园。西花园是沿用的旧名，在清朝时，这个地方就叫西花园。乾隆老爷子来的时候，人家对他说，你现在待的地方叫西花园。老爷子口渴了，要喝水，跟随的人赶紧从西花园东南角井里打水，水清澈得如同清泉。老爷子很高兴，大家也很高兴，从此这口井就叫做龙井。龙井还在西花园，可老爷子待的地方，却成为了校园。今天，我一个人走在西花园，只有树荫，只有鸟鸣。西花园里有老爷子的"寝宫"，有为老爷子而搬来的小谢姑。小谢姑不是美女，她是有着美女一样名字与容颜的太湖石，这块太湖石，文人们叫她瑞云峰。我今天没有去"寝宫"，也没有去看瑞云峰，我绕着西花园的大草坪，走了一圈。我们的许多的校友，包括杨绛，回忆往事的时候，都把西花园叫做圣地。我们一届又一届的学生，都曾在草坪上休憩与活动。这里是学生活动的场地，孩子们随时随地可以进去，自由地呼吸。这是学校先人的做法，如今成了我们的传统。学校是孩子们成长的地方，校园不是单纯的风景，不是观赏物，不是为了绿化而绿化，一切都是为了孩子们的成长而存在。我们不需要插牌子，提示学生：草坪是不能走上去的，是不能踩踏的。不能踩踏的草坪，为什么不替换成那种能踩踏的草坪呢？我常对老师们说，校园草坪上的小草，其快乐就在于孩子们对他们快乐地踩踏之中。所以，我们西花园的草坪，是学生自由快乐地活动的场所。今天，我沿着西花园草坪一周，从不同的角度，以不同的视野再一次去看她、想她、领悟她。

现在，我们可以走近振华堂。振华堂就在西花园草坪的东端，它连接西花园与教学区。振华堂四面有门，南北有门厅，东西也有门厅。有着五百多年历史遗迹的园子，与教育的痕迹交织在了一起。有着一百零八年历史的校园，早期只是依赖明清的老房子办学。直至二十世纪三十年代，王季玉老校长多方筹集资金，才陆续建了一些教育用房，振华堂就是其中之一。从西花园进入振华堂，要经过门口的几棵梧桐树。这几棵梧桐树，是中国梧桐，不是我们在马路上见到的那种梧桐，马路上的梧桐是法国梧桐。中国梧桐与法国梧桐有本质的区别。中国梧桐是中华文化中的祥物，是招凤引凰之树。有所谓"凤凰非梧桐不棲非梧桐之露不饮"之说。校园中有梧桐树，那是一种吉祥。梧桐荫蔽之下的振华堂，无论是春夏还是秋冬，给人的感觉都是端庄、神圣的。

振华堂承载着太厚重的历史。建成之后的八十多年以来，一直是师生集会、活动、举行盛大典礼的地方。1936年是建校三十周年，那场庆典就在振华堂。民国时期的许多名人都来了，章一麐、蔡元培、李根源、章太炎、于右任、叶楚伧、竺可桢等。两个人的演讲稿还在，一个是蔡元培的，一个是竺可桢的。如今振华堂的东门悬挂的对联就是章一麐当时留下的。竺可桢在典礼上说，今天我很高兴，来参加振华的三十周年校典，还有七十年就是一百年，我希望在座的同学一定回来，给母校祝寿。2006年是学校的百年校庆，那一天盛典仍在振华堂举行。会前，我们播放了《百年十中》的纪念片，片首就是竺可桢的这席话。一位八十多岁的老人坐在会场，他说，七十年前，我就是坐在这里，听竺先生讲这番话的。何其有幸，诺言成为了现实。虽然只来了一个人，但历史终是诚信的。现在回忆起这一幕，我都会感动。竺先生是一个多情多义的人，三十年校庆就想到了百年校庆。振华的校友也都是多情多义的人，哪怕只存一个人了，也要回来。

再翻开一页：二十世纪九十年代李政道回苏州，他在苏州设立了李政道奖学金，每年奖励高考的优秀学生。他来到了苏州十中，在振华堂为师生做讲座。他讲暗物质，讲苏州刺绣，讲科学与人文，讲教育与未来。穿着衬衣，打着领带，手拿教鞭，洒脱地站在讲台上，还不时地在讲台上走动，边走边讲。那时我还在苏州市教育局工作，市长、局长陪同李政道，我随同市长、局长。我坐在振华堂，听李先生深入浅出又天马行空地讲述。李政道说："我是这里的学生，这是我的母校。"师生先都怔了一下，然后爆发出热烈的掌声，他把这次来学校看作是回家。后来我回学校工作，直接接待了李先生的又一次来访。他又一次为学校题了辞，深情地写着"母校苏州十中留念"。现在学校北门的校牌，就是那次他留下的墨迹。对于李政道的母校问题，一直是有争议的。苏州有一所高校，历史上叫东吴大学，后来曾叫江苏师院附中，现在叫苏州大学。

李政道当年在东吴附中读书，东吴附中后来被撤并了，一部分并入江苏师院附中，我们学校就是江苏师院附中，那是从 1957 年到 1971 年。东吴附中的另一部分并入了另一所学校。据李政道回忆，当年他就在我们学校读书，因为那个学校的旧址被我们今天的十中囊括了。校友是学校的宝贵财富，李政道是，其他人也都是，无论有多大成就，无论如何平常，校园都是他们的家园。我们以李政道为自豪，也为每一个平常的校友而自豪。其实像李政道这样的人，不仅仅属于一时一地，他属于整个人类文明，是大家的校友。

历史真是一卷书，振华堂在我们学校的历史中是一个重要的章节，每个学生都与它相联系。刚刚进行了入学典礼，马上毕业典礼又开始了。进来出去，这里是起点也是终点。听从竺可桢吩咐，七十年之后返回母校的老人是这样，李政道是这样，一届又一届校友也是这样。百年前与百年后，感恩与爱，永远是气息，弥漫在校园。现在，每年的五月诗会与十月诗会，会让这里充盈着诗意。为了登上振华堂抒发情怀，临近诗会的日子里，振华堂四周，都是同学练习朗诵的身影，可以说这是我们学校的一道风景。

振华堂西门面对大草坪，对我们学校来说，振华堂与西花园是一个整体。大草坪是室外的振华堂，阳光明媚的时候，师生在大草坪上活动；振华堂是室内的大草坪，雨雪天的时候，师生在振华堂内活动。振华堂西门口的那些梧桐树，处于大草坪与振华堂之间，荫蔽着大草坪，荫护着振华堂。这是树木的荫遮，也是历史文化与学校传统的荫遮。从振华堂东门走出，有两座纪念碑，一座是纪念创始人的，叫王谢长达，另一座是纪念第二任校长王季玉的，她们是母女俩。从 1906 年到 1956 年，她俩相继担任校长。两座纪念碑，都是由学生捐资建造的。一座在二十世纪三十年代，一座在二十世纪九十年代。她俩是校长，更是老师。她俩与她俩所代表的前辈，创造了这样无限美妙的教育天地，此刻，我们唯有感恩，唯有继承，以留下我们的篇章。

2014 年 5 月 25 日

学校是美的

元培楼里的九班

　　九班的同学不知道元培楼是哪栋楼，因为那时这栋楼还没有名字。这栋楼在学校的最北面，紧挨着围墙，围墙外就是孔付司巷。当年怎么样，现在还是怎么样，只是加固了，多了些吴文化的元素。做这些的时候，我曾请教过宋安苏、姚进，他俩是我九班的同学。读书的时候，就喜欢艺术，喜欢画画。后来从事艺术教学与创造，他们来到学校指点，都是妙点。说老实话，在改造校园的时候，我接触过许多做艺术、做装潢的人，很少在他俩之上。一晃校园改造又是十年过去了，七年前的一见，也是恍如昨天。这几天在微信相遇，虽然看不到大家成年人的样子，可是微信上，还是绰号乱叫，什么"西瓜皮""乱大王""汪蠟狗""王胖橄榄"姚进说，提点外号，加点回忆。这哪里像是一个有公司的艺术家？仍是一个顽皮的小男孩。

　　元培楼的记忆，无论过了多少年，对九班来说，都是鲜活的，有生命的。此刻，我正看着几张合影，一张是汪蠟狗与芋芀头的合影。芋芀头是九班领袖，团支部书记，现在美国。汪蠟狗是宣传委员，一度在法国，现在已经回来报效祖国了。 还有几张照片，都是2007年5月拍的。当时我们1974届九班的部分同学回校，班主任是秦兆基，秦老师与我们一起走在校园里。那一张最有趣，我们坐到当年的教室里，每人坐到当年坐的位置上。秦老师仍站在讲台前，像当年一样讲课，像当年一样提问题。同学也像当年一样回答问题，也像当年一样哄堂大笑。那个教室，就是今天元培楼二楼的最西的一间教室。我坐在倒数第二个位子，那天聚会我正是坐着当年的位置。只是桌子椅子早已不是当年的桌子椅子了。

蔡元培与我们学校有许多故事，他的足迹与墨迹还留在校园。十年前改造校园，我们都以校友，或老师，或学生的名字命名楼舍。元培楼，那是我们在校时建造的，只用了六万元人民改币建造的教学楼。建好以后，我们那一届，最先搬进去，一直到毕业。我们所有的青少年时期的情感、情绪，都储藏在其中。为什么用"蔡元培"来命名这栋楼？现在回想，当初我建议此楼用蔡先生的名字，有私心，尽管当时没有明确意识到（那是潜意识）。这几天，同学都在回想，回想的故事都离不开那栋楼。七年前，我们曾在元培楼我们曾经的教室，按照当年的原样，上课下课。下一次，我们仍会在其中，上课下课，那是念想。

元培楼里，每年都有一个新的九班。十年前，我提议把高三毕业班放在元培楼，这栋楼从此成了高三楼。学校有三栋教学楼，元培楼最靠近马路，马路上的人声车声都会传到这栋楼中，尽管如此，我们还是要把高三放到这栋楼中。读书需要一个安静的地方，但在不安静的地方就读不了书，则不行了。当年，我们毕业时是高二，初中两年，高中两年，与今天的中学生相比，属于"缺斤短两"。我们高二的时候，就是从这栋楼，走向社会的。当时高中与大学是断裂的，高中毕业到社会去，大学从社会招生。拿今天的话说，九班是高大上的一个班级。说它高大上有两层意思，学习成绩好是一层，官二代是另一层，许多同学的家长都是当官的，在苏州是那种比较大的官。学生素质好，但自负。九班是高中，九班是在初中七班的基础上组建的，他们许多人在小学就是一个班，就在一起了。升高中的时候，要有一个相对好一点的班，学校就又从其他班抽了一点同学进入九班。我初中是在八班，八班是平民班，平民子女多，相对淳朴，徐玉卿是我们的班主任。后来，我得悉，进九班都是有理由的，那时家长不会打招呼，分班完全是学校的决定。我进九班的理由是什么？毕业许多年之后，徐玉卿老师告诉我，是因为体育，我

　　　　　　　　　　　　　　　学校是美的

的体育成绩好。当时我是学校运动队的，专跑四百米与八百米，还曾经去苏州市青少年运动队训练了一阵。我到九班纯粹是为了给九班在校运动会上拿分。九班是一个外人很难融入的集体，与我一起从八班进入九班的还有符虹等，最终符红当了九班的班长。九班是一个十分优秀的群体，一点不错，九班那种与生俱来的优越感一直存在。四十年来与九班的同学不常见，但见面都是快乐。

少年的记忆总是美好的，学校要为孩子们珍藏这份记忆。我们这些成年人，何尝不应该这样？一个少儿时的朋友圈，把大家带入了四十年前。说往事，议往事。为了一个寻找，对某一个人的寻找，对某一件事的寻找，让我们这些相距千山万水、相隔大洋的同学，兴奋不已。陈皓把七年前的照片，又都晒在朋友圈里。我还是第一次见到这些照片。还有人把四十年前的照片也晒出来了，真是值得珍藏，因为这不仅仅是一个人两个人的历史，是一个班级、一所学校、一个时代的历史。今年将是我们毕业四十周年的日子，需要回来，需要团聚，大家都在想着那一刻。

陈同学喜欢摄影，七年前为大家留下了珍贵的记忆。我在微信中抢先晒出了九张，九是我们班的"图腾"，陈同学看到了马上在下面留言，说，九张之中为什么单没有我？读书时的那种天真稚气的情形又出来了。我马上解释，明天我还会上照片，会为你做一个专题。在乎，是一种美妙，在乎同学之间的相处，是一种珍惜。现在，我再晒九张照片，其实，也都是陈同学的宝藏。第一幅同学与秦老师站在一起，最帅的那个就是陈同学。1974 年的成绩报告单也晒出来了，是汪同学晒的，他理科很好，书法也不错。那时我写大字报的草稿，他修改后誊抄。这些老照片，都是四十年前的旧影，希望他们都能把这些原件都捐给母校，我们应该建一个学校纪念馆，即教育实物博物馆。

所谓学校生活，就是一种"生生相处"，"生生"就是先生与学生。九班，在我们九班同学的眼中是永远的，班干部也都是永远的班干部，那些往事更都是永远的故事。九班班主任是秦兆基老师，他是九班的魂。不过，我们还不应该忘记其他老师，他们都很优秀，都很难忘。许志铭老师是九班的"缔造者"，是他一手组建了九班。初中时他是七班的班主任，到了高中，他要把他倾心的七班打造得更好，于是从各班抽出一些比较优秀的同学，再重新排序，原来的七班变成了九班。许老师那时还年轻，正年富力强。学校委以重任，他当上了年级组长。九班聚合了各科的优秀教师，秦兆基教语文，王佑宝教数学，朱学范教外语，他自己教化学。许老师是一个浑身都有魅力的人，人长得英俊，学体操的，有魄力，办事果敢，学生对他敬畏又喜欢。我擅长作文，但是有一次化学竟然得了100分，记得那次有两个人得满分，另一个叫朱小奇。朱小奇四十年来好像我没有遇见过，不过他的名字我却一直记着，没有忘记可能有诸多的原因，其中，那次许老师高声念我俩名字是最重要的原因。教育是一种激励，老师在孩子成长过程中，对于他们取得成绩后的一点点关注，都会让他们一生铭记。

每当我走在校园里，抬头看到元培楼，常常产生错觉，依稀可见当年同学的身影。这几天，我被忧伤与失落的情绪笼罩着。王晰是九班同学，我却不熟悉，当听到朋友圈里说她去世，我都想不出她长什么样。读书的时候好像没有说过一句话，陈皓传上来的照片上却有她，那是七年前在西花园相聚的留影。站在中间，站在秦老师边上的女生就是。典型的江南素雅的女人，斯文。对着照片，我细细打量她。七年前的聚会，我有没有与她说过话？至少，没有与她单独地交谈。同学缅怀她，这才了解了她的身世。读书时不声张的一个小女孩，长大后为人妻，吃了许多苦，后来又享了福。享福似乎才刚刚开始，却离开了人世。每一个同学，都是我们自己，每一个同学的离开，都是我们自己的重要一部分离开。这个园子，是我们生命成长的地方，我相信，我们大家的气息都在那儿。

同学这个字眼，应该是神圣的，是一生最单纯的相遇，相互之间都会成为对方的财富。朱雄雄、符虹，做了医生，开始是实习医生，现在都看专家门诊了，找他们就诊，还要预约。这四十年他们几乎成了我们三代人的家庭医生。1974年毕业以后，我们不是马上进工厂或下乡，在家待业近一年，朱雄雄、栾卫华与我，天天在一起，今天到我家，明天到他家，后天到你家，如准时到学校上课一样，或者去新华书店淘书。栾卫华去了湖笔厂，我与朱雄雄还到厂里看过他。栾卫华送我的一套湖笔三十多年了，还藏在家里。我记得栾卫华的文章写得不错，写今天的人民路，过去的护龙街，被秦老师在课堂上朗读，还被印在一本优秀作文选中。孙恩浩是我小学同学，初中不在一个班，都是后来一同进九班的。他姐姐是我小学老师，他妻弟朱立南也是我们校友，现为联想集团总裁，我曾去北京拜访过他，他也是一个为母校争得荣誉的人。他妻妹是一个有名的融资企业的老总，与我在一个人大代表的小组，因此，经常获得孙恩浩的一点讯息。孙在十多年前就去了加拿大，我与他最近的一次见面，是我们都送小孩去一位老师家中补习，小孩上楼了，我们就在楼下聊天，聊十多年前的九班，没想到匆匆一别也已二十多年了。顾红是与黄珣、许瑞菊、彭苏沈等与我一样从八班到九班的人。二十多年以后见到她，她刚从美国的一个岛屿上回来，踌躇满志，是一家企业的老总。我竟想不起来她曾与我是同学，读书时沉默寡言、低调的一个小女生，一下子怎么变了一个人似的，敢说敢为，充满活力。许瑞菊初中就与我在一个班，然后，又一起进了九班。小孩时候吵吵闹闹是常有的事情，我与儿时的同学闹矛盾也是不免的。后来我才知道，有几次在这样的时候，许瑞菊总是帮我的，长大了，说起往事，我都记不得了，同学则说确有其事。因而，我对许瑞菊的感激是发自心底的，小时候有一个女生能有一两次护着自己，那不是人生的一大乐事？而且是那么善良的一个人。黄珣小时候吃过苦头，从小就老成，学习成绩好，有主见。那时候许多女生喜欢他，现在还是。历史是什么？是曾经的真实，也是破碎的梦幻。同学的这一个个形象、一幅幅画面，组成了只属于我们自己的少儿史。

现在，我又走上元培楼，学生都在上课。走过曾经的九班，突然生出感

我只在这里短暂停留，却在离开后长久回首。

慨，四十年中，这个教室坐过四十届学生。当年自己坐过的地方，子女坐了上去，子女走了，孙子、外孙很快又会坐到那里。望着教室里的孩子们，还有半个月他们就将走进考场，然后举行毕业典礼，然后挥手离开。许多年以后，他们也会有我们今天这样的情感，也会这样回想当年的学校生活。学校生活，是一个人一生中，最幸福、最美丽的时光。即使，在当时无论遇到怎样的困难、挫折与委屈，过后都会是一种念想，久久不能忘怀的念想。

2014 年 5 月 29 日

学校是美的

西花园里的两个谢姑

　　苏州十中的校园，真是宝库，什么都有，教育故事，俯拾皆是。学校创办于1906年，创办人叫谢长达。校园里有块太湖石，叫瑞云峰，像贵族，又像大家闺秀，至今已经有千年。站在这里，也有两百多年。那是1779年，清朝乾隆时期。那是有来头的一块石头，有经历有故事，1958年就被江苏省定为省级重点保护文物，今天与校园，即苏州织造署旧址一起，成为国家重点保护文物。无论是历史意义，还是审美价值，瑞云峰都是其他太湖石无法比拟的。1931年蔡元培等在这里建了一个图书楼，他还自己为它题了楼名，叫"长达图书馆"，长达是谢长达的名。蔡元培与谢长达有一段师生情谊的，一生都以师生相称。织造署中有一西花厅，本来在今天校园中部的教学区，二十多年前布局调整，搬迁了。所以今天瑞云峰的一条垂直线上，瑞云峰与长达图书馆、西花厅，三处名胜依次排列。

　　此刻，我正坐在瑞云峰畔，对着以瑞云峰为中心的一群假山。今天是双休日，校园里没有学生，本来不喧闹的西花园更为寂静。西花园树木多，瑞云峰四周尤其如此。虽然是夏天，进入了"烧烤"模式，但这里凉爽依旧。只听得见风吹动树叶的声音，看得见鸟从这棵树飞向另一棵树的影子。真是一个遐想的好时光！瑞云峰本身也是一块象形石，像一条龙盘旋在上面，假如瑞云峰是一座山的话，那这条龙就栖息于这座山弧形的山脊上。瑞云峰坐落于水池之中，这片水池至少也有两百多年了，尤其我们不能忽视的是水池四周的太湖石假山，真是精品。我曾多次留意过苏州的其他几家园林，假山堆叠真很少超过这里。水池四周的假山峰峦叠嶂，有的数峰相倚，有的孤峰耸立。峰谷绵延，峰回路转，咫尺之间，尽纳天地万物奇幻。最为可贵的是，飞禽走兽遍布其间，一块块石头，像熊，张牙舞爪；像猴子，端坐山顶，尽观人间；像骆驼，沙漠中行走，累了，正趴在地上小憩；像鹰隼，天空翱翔之后，正落于群峰之下；像神龟，远远凝视瑞云及诸峰。为何瑞云峰下，安排如此众多走兽飞禽？据说，这是专为乾隆老爷子及他的一帮满族弟兄而设的。江南是富裕之地，民风相对柔弱，老爷子却总是喜欢往这里跑。他自己也明白，跑多了，会被江南的风物所同化，于是，需要提醒。在寝宫前，安排些凶猛之物，活的不行，就用假的，惟妙惟肖的太湖石，就这样被放置在这里了。

　　瑞云峰与长达楼两两相对，短短百十步，容纳了千年的历史。有些事情，巧合到说不清道理。瑞云峰与长达楼也是这样，人与石合一。瑞云峰被发现的时候，当地石农唤它"小谢姑"，那是在北宋末年徽宗时。皇帝老子喜欢，全民都喜欢，全民中最好的都要献给皇帝老子。徽宗喜欢苏州园林，他在京城也要造，于是就到苏州收集奇花异石。在太湖里挖，在太湖里的东山、西山挖，还要挨家挨户地查、挨家挨户地搜。瑞云峰就是这样的产物，当时一同被发现的有两块美石，另一块更大，就叫"大谢姑"。两块石头从小生长在西山，周围是浩淼的太湖，山清水秀，风景如画。大谢姑很快被送到了京城，小谢姑还没有来得及起运，北宋就破灭了，从此小谢姑就在江南一带流落。小谢姑是小名，大名则被唤作了瑞云峰。令我惊异的是，时光悠悠，走过了千年，当年的小谢姑身旁竟然真的又来了一个谢姑，她就是我们的谢长达。谢长达在小谢姑边办学，悠悠又是百年。我站立在瑞云峰前，想两个谢姑的故事。蔡元培书写的为纪念谢长达的石碑与曾唤作小谢姑的瑞云峰，昼夜相对，无论春夏秋冬，无论刮风下雨，都是这样的执着，凝眸倾情于对方。

　　瑞云峰真是奇石，冥冥之中注定是孤独之物。大谢姑、小谢姑，本是姐

　　　　　　　　　　　　　　　　学校是美的

妹相存相依，活活被拆散，大谢姑到了京城，不久国破山河碎，它也不知所踪。小谢姑还算幸运，虽然运桀，但总有安身之地。来到我们西花园之前，它在留园，当年叫东园。园中有两块美石，一块冠云峰，另一块就是瑞云峰，又被称为姐妹石，瑞云峰为姐，冠云峰为妹。乾隆爷要来苏州，他对苏州情有独钟，学他爷爷康熙，康熙一生来了六次，乾隆当然不能少。七十岁那年，他又要来了，他想想今后来的机会也不会太多，尤为重视。苏州府与苏州织造署的那些大大小小官员，都不敢懈怠。乾隆爷与他爷爷一样，在苏州就喜欢住在西花园。这样当地官员就想到了东园有美石，看中了瑞云峰。瑞云峰与冠云峰从此分离，再也不相见。瑞云峰端庄典雅，如花中牡丹，冠云峰清秀妩媚，如花中玫瑰。两姐妹，真是各呈千秋。

如今，瑞云峰依旧，在此沐浴风雨二百多年。在此之前，这块名石，昔日的小谢姑，今日的瑞云峰，不断变换主人，丢失了，又出现了，颠沛流离，引发了许多故事。如今，除了本校师生不时会走到瑞云峰前瞻仰，许多来校园参观访问者也都会站在瑞云峰前观赏。园林与校园，文化与教育，历史与现实，呈现一种自然的、天人合一的境界。面对瑞云峰，我常常想象1780年乾隆爷面对她的那一刻，瑞云峰是怎样的一种感受？乾隆爷又是一种什么感受？中国文化自古崇尚玉石，从帝王将相，到文人雅士、平民百姓，都是如此。苏轼赏石，对太湖石还总结归纳了几个审美标准，叫作"皱、漏、瘦、透"，这种鉴赏标准一直沿用至今。前人把石头的境界，与人的境界合二为一。石头讲究原石，顺其自然，自然地呈现与表现石头美妙的千姿百态。原石是最有个性特征的，每一块原石，都会以自己的姿势、形态，展现自己的美妙。原石的品性，与教育的品性应该是相通的。

有境界的教育，也应该是顺其自然的，保护与培育个性的。从瑞云峰，我们获得了深刻的启示。办什么样的教育？就是要办"质朴大气"的、"真水无香"的、"倾听天籁"的教育，这种教育，上升到文化，就是一种文化精神，我们叫它"瑞云精神"，同样显示了学校办学的独特性。每一个人是独特的，同样，每一所学校也是独特的。石头不是教育的元素，但是赋予石头以意义之后，石头自然成为教育的元素。学校的"魂"在哪里？是虚无的吗？是如气息一样漂浮的吗？是，也不是。我以为精神是能物化的，"魂"能从一草一木、一砖一石中渗透出来，流淌出来，表现出来。我们校园的石头，有些已经有几百年、上千年历史，都是灵动之物，都能被看作与百年、千年老树一样的生命之物。我们学校的文化传统、教育理念，都是与她们息息相关，相互依存的。精神与物质，形式与内容，早已浑然一体。

此刻，又下起了小雨，校园里尤为幽静，瑞云峰与长达楼，在江南的夏雨中，与雨打芭蕉一样，都呈诗意。谢姑，在古代就是美女的代称。美女与美石在这里真正相遇了，冥冥之中的事情谁说得清。

2014 年 6 月 1 日

雨后清明，新旧相加，瑞云苔青，我欲归家。

我在"成人门"前迎候

　　每年的毕业典礼，是既高兴又感伤的事情。今年我们学校的毕业典礼，又与苏州市中学生成人礼合二为一。典礼首先放了三个视频，第一个是学生三年成长的剪影回放，三年中的每一个脚步，几乎都集中在其中了。看了学生播放的三年成长记录，我既感慨又感动。他们进入学校之后，对参加的每一次活动都作了记录与积累，这些清晰的脚印，是他们成长的历史，也是学校发展的历史。学校的文化，是这个学校的气息，学校的文化，渗透在学校的每一个领域、每一个环节，更在学校的经典活动中呈现。三十公里徒步行走，五月诗会，十月诗会，挑战极限，公历除夕的感恩、励志、迎新，传承授旗，成人礼，毕业典礼，等等，都是富有"诗性教育"特征的经典活动。在毕业典礼上，这些经历被回放，那些宝贵的场景与情形，学生不会忘记，老师也不会忘记，它如年轮一样镌刻在大家的心底。带着这样的情感走出学校，我相信，他们不会迷失自己。第二个是长辈们在高考前对学生们的寄语，真诚又朴实。第三个是2014届高三毕业生写给老师的评语"我们眼中的你们"，每个老师都获得学生给他们的奖励：一段评价与赞誉。三年中的每一天，都是老师表扬学生，今天毕业典礼上，学生回报老师。比如，数学老师魏正军获得了"强力解题奖"、化学老师庄浩获得了"最佳关怀奖"、语文老师杨丽获得了"最佳小清新奖"、地理老师李继文获得"百科全书奖"、英语老师周晓燕获得"明媚笑容奖"。学生的语言幽默风趣、直率又诚恳。比如，朱云艳老师的课是"轻松愉快地享受数学的摧残"，卓远怀老师的魅力是"温柔的外表却侧漏着霸气，一个眼神就秒杀最调皮的学生"。学生为每一位老师选配了一张照片，老师们可以看着照片，读着文字，享受着做老师的幸福。只有老师，才能体会到其中的情感，只有老师才能感觉到学生此刻的留恋、依恋与不舍。

毕业典礼上不时会有让老师们感动的画面，同学们似乎在不经意中展示他们美妙的成长及成长的过程。或言语，或图片，或音乐，都是再现的方式。有一幅照片，选取的是学校西花园西部的一个景：从孝通图书馆，去梅岭上己巳亭的小路上，卵石路上的一张落叶，静静地躺在那里。从这幅图他们开始了讲述。这个校园是有温度的校园，是有情感温度的校园，一草一木关乎情。三年的浸润，使他们的审美情趣高尚而高雅。在这个学成即将离开的时候，本该是他们高兴的时候，他们却用一片落叶，来表达自己的"离愁别绪"，内蕴多丰富啊。临走之前的三年回顾，是美好的，是能让人触目生情的。还有一幅照片，在柔美的背景音乐声中，慢慢地呈现于舞台的大屏上：一堵墙，一扇窗，夕阳把树枝映照在这堵粉墙上。画景很美，且有淡淡的忧伤。画面下方还有一段文字："后来，树枝长上了白墙，我看到了那日的夕阳，美得像我们一样。"这幅照片，是我们学校的太炎楼的外景。它的西边就是西花园，照片拍的就是太炎楼西边的一堵墙，墙外是高大的银杏树，还有腊梅，还有翠竹，傍晚时分，那夕阳照在树上，照在花上，疏疏落落再反印于墙上，柔和又优美，恬静又感伤。现在，学生把日常捕捉的画面，从珍藏着的心底拿出来，在分别的时刻，与老师分享，那种情感就如他们的文字一样，是诗，是一首美丽的诗。学生展示的图中有一幅我很喜欢，是他们在秋天的校园为自己留下的风景。秋天，银杏树叶黄了的时候，整个校园都是金黄，树上，树下，都是。几个女同学踩在秋天的银杏树叶上，踩在秋天的风景上，那种喜悦、快乐、无忧无虑，都在脸上，都在她们举手投足的每一个动作上。我曾对师生说过，不要轻易地扫去校园的落叶，秋天校园的落叶，尤其是梧桐树的落叶与银杏树的落叶，它们落在地上，与它们长在树上一样，

那一刻，我感到心头，有千百种美好。

——《这道瀑布去了哪里》

都是美丽的风景。我曾写过一首诗，是讲落叶的，"我们可以走在落叶的上面，但是我们不要扫去落叶，它们落下了，同样是有生命的，它们与这个园里的人一样，都是有思想与情感的。"如今，学生们在这个时刻，展示这样的情景，无疑表明他们懂事了，学校教育起作用了，他们已经具备了尊重、领略优秀文化传统的素质与素养。

美妙的时刻，是会永远停留在校园里的。毕业典礼上，同学们手拿宪法，举起右手，作成人宣誓，每一个人神圣而庄严。这个时刻我忘不了。今天的成人仪式更别具一格。在振华堂门外西花园东，我们搭建了一座鲜花簇拥的"成人门"。每一个毕业生从振华堂走出，在家长、老师的注目下，依次庄重地走进"成人门"。走入"成人门"之前，他们还是少年，走出"成人门"之后，他们就是青年。恬静肃穆，真是神圣的场合。走过"成人门"，就是西花园大草坪，草坪上放置了成人手印板，同学们一个个上前，按下了手印。留下手印，就是留下印记。手印组成了大大的"成人担当"四个字。这四个字，有千钧的分量，责任、担当、使命都在其中了。今年的高考，同学们考得出奇的好。"诗性教育"与高考真的是不冲突的，"诗性教育"也出高考的成果了，这超出了我们预期的目标。望着同学们的一张张笑脸，老师们都很开心。我站在"成人门"前，有太多的感触。每一个同学的三年高中生活，无论快乐与不快乐，都会留在他们心底。他们在毕业典礼上播放的三个视频，可不可以看作留给母校的最后一份答卷呢？今天，他们是学生，明天，他们就成为校友了。对校友来说，学校是他们永远的家。对母校来说，校友是她永远的温暖。一个个同学向我们走来了，他们在那一边，我们在这一边，短短的距离，其实是长长的旅程。"成人门"是一个标志，是一种象征，我站在门前迎候，何尝不也是一种标志、一种象征？此刻我再一次，想起我曾经写过的《在这个园子里遇见你》这首诗：我知道 / 从这个时刻开始 / 从我在这个园子里 / 遇上你开始 / 从这个早晨开始 / 从这个春天开始 / 是我幸福的开始。

2014 年 7 月 24 日修改

天心月圆

　　前天，即三月二十三日，收到北京陆兰沁女士的来函，她告诉我们，她母亲于二月十六日去世了，享年一百岁。她母亲陆璀是我们学校（当年苏州振华女校）的杰出校友。我于这十年内曾几次去看望她，前一段时间还在想，等到春天再暖和一些的时候，去看望她。没想到，她竟于一个月前就离我们而去了。人生的遗憾有时就来得突然。陆璀是一位让我格外敬仰的老人，这几天，她的音容笑貌，一直在我脑际萦绕。得到消息，我当即没有任何举动，只是静下心来怀念她，只是默默地为她祈祷。

　　第二天我才在微信朋友圈里发了照片：一幅是 2005 年 12 月我们看望她时，我为她拍的相片。她围着我们从苏州她熟悉的这个地方带来的丝绸围巾，微笑着与我们交谈，我随手拍了下来。后来，这张照片被放大以后，装上镜框，曾放在她家的桌子上。还有一幅是我与她夫妇俩的合影，老先生朱子奇是一位老诗人。我们在客厅交谈，他在书房看书写字，陆璀把他唤了过来，把我们介绍给他，一个珍贵的镜头就这样留下了。几年之后，我们再去拜访，陆璀独自一人，不见了朱子奇。兰沁偷偷告诉我们，老人已经去世了，但是一直没敢告诉母亲，瞒着说还住在医院治疗。陆璀也一直信以为真，她也竟这样对我们诉说朱子奇，让我们一阵戚戚然。

　　陆璀的苦难，缘于饶漱石，她曾作为他的妻子，一度逃避不了厄运。后来，她听从组织的安排，当然也是她自己的意愿，与朱子奇结婚；后来，她

学校是美的

从监狱出来，恢复了名誉，社会与家庭都给了她充分的温暖。她的一生，如过山车，苦难与幸福同在，无情与有情始终相随。现在想起她，总想哭一场。不是因为她的去世，而是因为她的苦难。这是一个异常刚毅的人。在她生前，我们去看望她，却没有感受到她身上有一点悲哀、怨恨的影子，对社会始终充满着希望，对革命事业饱含着热情。当年在振华母校读书的时候，她写出来的作文，就充满正义；还是一个中学生的时候，就与当时发行量最大的进步刊物《大众生活》杂志的主编邹韬奋有书信往来。"一二·九"运动爆发时，她勇敢地站到了游行队伍的最前列，义无反顾地跳上了制高点，手臂一挥，开始了演讲。这一情形，被记者记录了下过来。美国记者斯诺第二天就向全世界做了报道，称这个女生为中国的"贞德"（法国十七世纪女英雄）。邹韬奋很快也把陆璀街头演讲的照片，作为当月《大众生活》的封面，邹韬奋并不知道这个勇敢的女大学生，就是曾经与他通讯谈社会、谈真理的振华女校的学生。

我们学校有三位前辈女性老校友在北京——一位是杨绛，文学家；一位是何泽慧，科学家；一位是陆璀，社会活动家——都是了不得的人物。百年校庆时，三位老人各为母校题词，作为念想，镌石留在校园。我们经常北上去看望她们，她们如三座高峰。去看望她们，就是去攀登三座山峰，每一座都有独特的美丽风光。何泽慧亲和，杨绛清丽，而陆璀则优雅。何泽慧九十多岁的时候，还坐着公共汽车去高能物理所上班，我曾去过她的办公室，一张桌子、一张椅子，简陋到不能想象。去看她，她会像一个慈祥的外婆一样，早早地站到院子大门口去等候。杨绛在外人看来倔强，不好说话，但是在我们后辈校友面前用吴侬软语。临走，送我们到门口，还不忘说一句，"把我对母校的思念带回来"。陆璀本色、大度、豁达、高尚，一生献给了革命，尽管自己的同志还误解她。十多年前，她留下遗嘱：去世后，不通知亲朋好友，不举行遗体告别仪式，遗体捐给了医院作科学研究——多无私而高尚的一个革命者。二十多天之后，新华社等媒体才刊发了一则简短的消息。不求回报，自有回报。兰沁女

江南的烟雨，
塑出完美，
十全的美，
你是被众人景仰的闪耀在地上的星。
——《十全的美——为杨绛百年生日而作》

士欣慰地说：习近平总书记为她送了花圈，前总书记胡锦涛、前总理朱镕基为她发来了唁电。如今，学校以她名字命名的"璀廊"，镌刻着她生平的石碑，在阳光的照耀下，熠熠生辉，那是学校一景。

此刻，什么才是对陆璀最好的纪念？我只能又在微信的朋友圈里放上几张照片，以表达对她的思念。第一张照片，是十年前中央电视台《东方时空》访谈她时的情景，她说：我一直是一个共产党员。第二张照片，是她们母女与周总理、邓颖超夫妇的合影。她与周总理、康克清曾是朝夕相见的同事。第三张是她代表中国共产党在国际会议上发言时留下的。她一度在共产国际工作，为中国、中国共产党奔走呼叫。第五、第六两张，是她当年作为清华大学的一名学生，走上街头，投身"一二·九"运动的英姿。弘一法师六十岁那年，给弟子丰子恺写下了诗偈，最后两句是："华枝春满，天心月圆。"他似乎已经感觉到自己大去在即，把即将到来的那一刻，当作春满花枝、月圆天穹的美妙时光。临终前，弘一写下了"悲欣交集"，陆璀是一个心地澄明之人，那一刻，他们二人应该是一样的。

2015 年 3 月 25 日

学校是美的

春花小径

　　春天是什么，春天就是一种感觉，走在路上，坐在石凳子上，或者就随意地在草地上躺下，都让人舒心，让人有怀想。我们学校的西花园有许多小道，从这个庭院，通向那个幽处；从这条曲廊，通往那座假山。其中有一条小道，我称之为春花小道。生命的绽放，是最美丽最自然的事情。只一会儿的时间，两旁的玉兰、梨花、紫荆、海棠、茶花相继开放了。那是从瑞云楼，通向瑞云峰的一条小径。瑞云楼下有鱼池，红鲤鱼在那儿悠闲地游动。穿过玻璃房，就是西花园——西花园的东端，南边是振华堂，那是洋溢着民国建筑气息的礼堂。从这条小径走向瑞云峰，瑞云峰正对着长达图书馆，长达图书馆几个字还是蔡元培先生题写的。

　　这条小道，两边开满了鲜花，那是一条从现实向历史中走去的小道。西花园北，有一条长廊，东接谛听天籁亭，西接西花厅。穿过长达图书馆，就是西花厅。西花厅是织造署旧址，散发着明清的古典气质。走过西花厅，就是这条长廊，其中镶刻着校园历史名人，叶楚伧、颜文樑、王佩诤等。从西开始，第一位是李敏华，她是中科院院士，著名固体力学家。几个月前，我们去中科院力学所，进入大门，门厅两侧墙上挂着几十位所内的院士像片，只有李敏华一位女性。2005 年 12 月去北京老人的家中看望她的情形还在眼前，如今已成遥远的不能重复的梦。望着校园里的这些清纯的学生，如望着早晨初升的太阳，我痴痴地想，其中一定有未来的李敏华，一个腼腼腆腆的女生，成为一棵花树一样的科学家。

刚刚，有几十个外地教师来学校考察，我作了一个"教育，我们向何处走去？"的专题交流。回到办公室时，一位老者拿着一本自己的著作《古汉语词根辞典》，提着一个箱包，正在门口等我。他说自己已经87岁了，是坐了公共汽车专门来的，我赶快把他请进办公室，请他坐下。当我得知他是黄岳洲时，吃了一惊。他就是我四十多年前就景仰的古汉语专家，著作等身。他说，自己曾在十中工作过，那是在五十年代末。还说，认识我的老师秦兆基。我很惭愧，我早该去拜访他。扶着步履蹒跚的老人，真的很感动，他说很关注我，看了我的许多文章，说不容易，所以，一定要来看看我。说什么好呢？我无语，又想说许多，因为这触动了我内心的柔软处。

走在阳光下的校园，每一个瞬间，每一个角落，都会给人念想。这些新花，这些新枝，这些藤蔓，这些新叶，在粉墙的衬托下，都是一幅画。前几天，2012届的沈韵之回来看老师。她考取了北京语言大学，现在在日本大阪留学。她告诉我，她在日本的半年里，父母剪了苏州日报和姑苏晚报上所有关于十中的消息、报道留给她回家看。什么是学校？学校是人终生牵挂与眷念的地方。我相信这是好学校的内涵之一。此刻，春天里的花都次第开放了，万物生机盎然。我们希望每一个师生，包括校友，都生活得更美好。

春天，是生命萌发的时节。我走在西花园春花小道上，思绪也会荡漾。海棠花开得到处都是了，还有樱花，前几天还只是看到花蕾小小地从树枝上钻出米，一瞬间就如云似霞。希望这几天不要下雨，实在要下，下点淅淅沥沥的小雨就够了。早几天开放的花，花瓣都已满地了。春天的落花与秋天的落叶，都是历史的实现形式。美是过程，是开始，也是结束。鲜花凋零，花瓣落在地上，是一件伤感的事情，踩踏落花，更是一件很不美丽的事情。

2015 年 4 月 3 日

　　　　　　　　　　　　　　学校是美的

即使我枯萎，你仍相依偎。

我们自身也是风景

　　有些事情，需要特殊的情景。在交通发达的现代条件下，要一个孩子从早到晚，徒步走完 60 里路，非有学校、教育的背景不能完成。从凌晨开始，一直走到下午，整整八九个小时，每年都是这样，这是我们苏州十中的教育活动。年年如此，但是，每年的行走，都是独特的"新"的开始。我参与其中，都会感动。

　　出发前，我在半明半暗的东操场上作动员。

　　天边出现了曙光，我们开始走向太湖。一路上，警车护卫，家长在路边送行。宁静的早晨，被师生行走的脚步声打破。春天的生气勃勃景象，出现于古城的大街小巷，出现于孩子们的身上，柔和的阳光，照在房屋上，也照在一路上的花树花枝上。今年走 25 公里之后，又会出现什么情形呢？女同学的背包，会被男同学抢背在自己肩上吗？结果我又惊异了：男生走在前面，女生走在后面，女生的背包都在自己的肩上，但是她们都伸出手，拉住男生的背包，不是搀扶，胜似搀扶。温馨的世界，不仅仅局限于成人的世界，孩子们的状态，会更纯美。多好啊，路边的那些小花小草，尽管卑微，可相依相靠，如人一般。你看，那树枝上的几只禽鸟，前前后后，一起栖息，难舍难分。教育当创设这样的情景，让学生在日常的生活之中，体悟人生中所有美德之中的所有内涵。

　　每年的行走方案，都是学生们自己制定的。有一个通过公平、公正竞选的程序。各班级走出校园，展开社会调查与社会实践。然后，学生们集中起来，听取各班的方案与线路展示，最后"公投"，得票最多的胜出。

行走的队伍中有一个女孩，一路上，微扬着头，少语，总是若有所思、若有所失的样子。她叫谢瑶鹂，曾代表所在的高一（3）班上台演讲，她们班级的方案近乎完美。她太爱她的班级了，太希望自己的方案被接受，可是，犯了一个致命的错误。她在台上，直言不讳地攻击了另一个有望夺魁的班级。谢同学意识到了自己的失误，第二天，写了道歉信，张贴在高一教学楼下的公告栏中，希望获得原谅。张贴了一天，道歉信被老师拿下了，第二天，谢同学又贴上去了。真的很诚恳，不希望由于自己的一时冲动而影响班级。可是，那天"公投"，他们班最终还是败北了，而且输得很惨。这是一个能让谢同学、高一（3）班，甚至所有同学都能深思并从中得到启示的经历。教育是什么？教育就是为了孩子们的成长，把本来栽种在花盆里的花草，栽种到大自然的原野之中。既提供阳光雨露，又提供风云雨雪。让他们自己去选择，自己去面对，自己去历练磨难。途中，我看到一棵棵树，令我欣喜，这些棵树，不高大，也不威猛，更谈不上妩媚，是平平常常的树，但它们健健康康。叶子翠绿，枝干有力。满身的翠绿之中，我突然又看到一朵朵花，这些花正含苞欲放，浅紫红的颜色，高贵大方。树与花相互映衬，各自装点这个世界。那不正是我们所追求的状态吗？人的状态，生命的状态。

行走到五个小时的时候，我们到达了灵岩山脚下，那是我们途中的第二个休息点。小时候，我把去灵岩山看成是去遥远的地方的梦，坐车没有钱，走又走不动。今天我却带着有几百个人的师生队伍，终于徒步来到这里，是真实的梦的实现形式吗？学生真是幸运，一路除了老师陪伴，还有家长陪伴。一位七十二岁的外公陪同外孙也在队伍里。家长一路走，一路拍，拍完照片，马上放到了QQ家长群中，这无疑是现场直播，无论家长在场与不在场，无数双眼睛注视着我们，电视台记者也一路跟随着队伍。一个同学前一天还发烧，可坚持徒步。母亲前来陪伴，记者采访了母亲。母亲说，60里路，况且孩子还在发烧，虽然苦，但那不算什么，必须坚持的。正如高考，虽然严峻，必须参与，对一个中国的孩子来说，不经历高考的人生，是不完整的人生。说得多好啊！

胥口，曾是苏州古城通向太湖的唯一航道。现在，我们又一次在胥江桥下休息。小时候，我去西山，都是从这里进入太湖。许多年过去了，今天随学生一起行走到这里，是圆一个梦吗？胥口作为一个历史的通道，今天成了风景。学校做了一组行走的明信片，发给学生，还做了纪念印戳。同学们纷纷相互签字，也叫老师签字，签字的学生更是在我面前排起了队。孩子们在收藏现实，记录历史。我相信，再过许多年，他们在这里的留影，一定会成为历史的新的明信片。同学们累得几乎要趴下了，相互依靠着。可是，高一（4）的童澄达，一个虎头虎脑的男生，却从背包里拿出一张化学题目卷子，找到他们的庄浩老师，请教解答题目。坐在广场的石阶上，师生两人头靠头，全神贯注，如父子俩，似乎沉浸在阳光照耀下的化学世界之中。从这个场景，我们又能获得什么感悟？

接近终点时，是我们最控制不住场面的时刻。旗手们，与各班尚有余力，或没有余力的同学，都会涌向队伍的最前列，都想走到最前面，所以大家越走越快，近乎小跑。终点的旗帜在望了，一个人冲出队伍，所有的人都会是脱缰的野马，景象之壮观，会令每一个在场的人激动。要知道，那是从凌晨五点，走到下午四点，走了60里路以后的同学们的奔跑。世界上的任何事物，都能找到它们之间的关联。我们没有感到他们的联系，是我们还没有把握这种联系。这些学生，在教室里拼搏，即使精疲力竭了，在最后的时刻，豁出去，还要拼搏。举着红旗跑着的，跷着脚跑着的，搀扶着跑着的，跑得动与跑不动跑成一团的，那就是今天高中生的形象。

到达终点，是胜利的喜悦。大家席地而坐，每个班级派代表说一句话，那种在经历了"大磨大难"以后，说出的感悟，真是精彩得像诗篇。我问他们，假如，我们再向前走十里、二十里，谁还能跟着我？有五六个人举手应声。我又问，假如，你们再跟着我走十里、二十里，在期末考试中可以给走的人总分中各加 30 分，有谁会跟着我？哈，一大片，手举起来了，应声此起彼伏。在累得一步也迈不开的情形下，只要考试有分数可加，仍然愿意向前走去，这是一种英雄壮举，是一种豪迈，我总感觉其中有些悲哀。不过，尽管悲哀，我仍然感觉到希望的、爱的、温馨的气息。

我们行走在路上，一路上都是风景。每到一处，行人都会驻足。我们走过，路过，所有的美景，我相信都会映在心里。我喜欢旷野，那些旷野里的小花小草，自由美妙，绽放自己，又为这个大千世界装点美丽。同样，一路上，自由自在的小河，河水向前流，激起水花，再与我们一样，澎湃而去。我们走在路上，融入自然，在别人看来，这何尝不是在呈现那不竭的生命色彩与活力？我们自身何尝不是风景？

2015 年 4 月 19 日

我们行走在路上，一路上都是风景，我们自身也是风景。

红楼荫浓

　　初夏是有点郁闷，也有点烦躁的日子，下过雨，天又晴了，还有太阳，江南的燥热与潮湿，就显示它的特点了。傍晚时分，在校园走走，走在绿树成荫的红楼四周，倒让人心静。

　　树木掩映之中的红楼，是二十世纪五十年代的建筑，红砖红瓦，中间有过道，南北两边都是教室，典型的那个时代仿造苏联建筑的产物。红楼北面是学校北门，自从振华女中实现男女合校之后，这门曾一直是学校的主门。红楼南边是樱花园，春天樱花开放的时候，说是云蒸霞蔚也不为过。红楼东面是一麈楼，是民国小洋房，当年蔡元培曾住过那儿。红楼西面是桂花园，里面有三百年的，两百年的，还有数十年的桂花，金桂、银桂都有。每年秋天桂花飘香的时刻，整个校园都弥散着桂花的香气。我读书的时候，有两年在那儿上课。许多当年的校园记忆，都是在那儿发生的。那儿相遇的同学，成为终生的朋友；那儿呈露的个性倾向，定格成整个人生的性格特征。

　　红楼正对校园北门有五棵雪松，东面两棵，西面三棵，高大，挺拔，树冠已经超过了红楼屋顶。这五棵树是自由生长的树，常年郁郁葱葱。我尤其观察过春天新旧松针交替的情形。新针一点点出来，舒展开来，到最后完全替代老针子，是令人欣喜又怅然的过程。这五棵树，据说有故事，许多年前一位刚刚毕业的学生，不幸遇到车祸去世。父母为怀念他，同学为怀念他，来到他的母校，在他读书的红楼前，栽下了这五棵雪松。这是一个有些凄婉的故事，我没有去考证，我以为考证不重要，重要的是对生命的关注与惋惜。学校应该是生命至上的地方，这五棵树成为我们教育理念的象征就已足够。

红楼的记忆，是历史的记忆，一代又一代人走进又走出——走进时是一个孩子，走出时是一个青年。今天我要说一个被我重复说了无数次的故事。这个故事是包老师在班主任交流会上叙述的，我只是转述。包老师是有理念与办法的班主任，高一时针对有些同学住得远、晚上睡得迟、会迟到的现象，搞了一个"零迟到"的活动，果然有效。可是，一天早晨，这个"零迟到"被一个女生打破了，这个女生迟到了。中午，这个女生走到讲台前，向全班同学深深鞠了一个躬，表达歉意。面对此，全班同学给予了热烈的掌声。就如此简单，教育完成了。从这天开始，这个女生再也没有迟到，都是提前二十分钟到达学校。一学年结束了，按照江苏的高考方案，需要分班，以选修课重组集体。这个女生在放假的最后一天，本不是值日生，主动留下来，打扫教室。做完，又坐到自己的座位上，迟迟不愿离去，她说，下学期开学她就不在这个班级了，让她就再多坐一会儿。后来，不得不离开教室，她走到班级门口，竟就地坐了下去，一个人坐在红楼的走廊，久久地仍然不愿离去。包老师说，她此生也不会忘记这一幕，也不会忘记坐在红楼过道里的这个久久不愿离去的女生。我想，我也是。什么是教育？这就是，什么是教育的成功？这就是。什么是红楼的骄傲与荣耀？这就是。

红楼之西，是桂花园。这个有着三百年历史的桂花园（说此话有些夸张，不过几棵桂花树倒是有了两三百年的历史），夏天荫翳蔽日，秋天桂香袭人。这些都可以不说，单说几年前这园子里发生的一件小事。一天中午，我在办公室吃完饭不久，总务主任推门找我，说是下周一的升旗仪式他要讲话。为何？我有些纳闷。他说，昨天中午一位高一的女生来找他，向他借老虎钳。他以为是她的自行车坏了，借给了她。总务主任跟在女生后面，担心她修不了，到时借故现身帮她一下。很快他发现，该女生不是自行车坏了，而是去了桂花园。她走到一棵桂花树下，踮起脚跟，伸出手，高高举起老虎钳，剪

那年，我们横着走的青春，溢出了红楼，开出了花。

掉了一棵树上的一圈缠绕着树干的铁丝。那圈铁丝已经深深地勒进了树身，假如不及时去掉，会影响这棵树的生长。取完铁丝后，该女生若无其事地回到总务处，还了老虎钳，一声不吭。总务主任说，我们学校崇尚以生命为本的理念，这个女生的行为就是最好的诠释。过了一周，总务主任真的在全校师生升旗仪式上讲话，讲了这个故事，全场一片掌声。三年以后，该届学生毕业了，在毕业典礼上，我又叙说了这件事情。我说，这是一件小事，但我不会轻易忘记的。我记住了这件事情，也记住了这位女生。不过，我记住了这位女生，三年来我却从未去打听她是谁，她是谁并不重要，因为她是你们的代表，她代表着你们整体。现在，离开那个毕业典礼已经有整整两年了，再过不多久，又一届毕业生又将离去。今天，走在桂花园里，别有一番感受。

此刻，学校正在举行提前招生的面试，又一批新生将到来，来来去去，青春的影子在我眼前晃动。而这个桂花园，无疑留下了时光的烙印。

已近黄昏，校园开始安静。初夏的黄昏，仍有一丝凉爽。我坐在桂花园的石条凳上，似乎有些感悟。一个有树的地方，一定是有希望的地方。一个有大树的校园，一定是有历史有底蕴的校园。头顶树上有鸟在鸣啭，似与人语。透过树林，红楼依稀。多好的地方啊，春夏秋冬，草木荣枯，花开花落，每时每刻都荡漾着无限美妙的生命气息。

2015 年 5 月 18 日

高考日的情思

　　今天是高考日，五六年以前的今天，我曾写了一首诗，写了飞禽走兽在一起，它们的厮杀、拼搏，它们的情感、态度，写完即发给一位媒体资深人士，没有标题，请他看看我是写的什么，并请给加一个标题。很快得到回复："野生动物园。"问我对不对，我答："高考日。"又到了这个时刻，早晨六点多一点，太阳刚刚升起，天地间一派清新、寂静，作为考场的校园更是如此。走在校园，看到振华堂门前，两只狮子端坐在那里，三百多年来它们都是这样端坐在那里。对它们来说，每天都是一样的，又是不一样的。现在开始的三天，它们会有什么感受？离它们不远，是一丛丛的小草小花，不起眼却是生气地、艳丽地生长着的小草小花。一岁一枯荣，生命短暂，却是蓬勃着的。今天这个园子，是考场，是不是仍是那种相互搏杀的野生动物园？这对石狮子、这一丛丛草花，告诉了我积极的、正面的回答。

　　叶子，落在地上，是美也是遗憾。生命有绽放，也有凋谢，本不值得担忧、悲伤与失望。新叶与落叶，开花与花落，都是生命的轮回，我们都必须敬畏与尊重。我们有没有发现，生命的交替，不一定都在秋天与冬天，春天与夏天，也充盈着生与死、短暂与永恒的现象与气息。今天的校园，也是这样，一点也不例外。那些考生的背影，从清晰到模糊，再从模糊到清晰，我知道，他们都是一些幸运者，都是一些正在开着的花。

人生有无数个时刻，但是不是每一个时刻都会对一个人的一生产生影响？今天，对高三同学来说，正走到了这样的一个时刻。考前的时光同样是宝贵的，许多考生还是捧着一本书，找一个阴凉的地方，树下、亭子里、长廊中，作最后的背诵与记忆。我看到的是淡定的容颜，去年、前年我也曾看到这样的容颜，明年还会看到。走在校园，与三三两两的考生相遇，叫校长你好的，一定是我们学校的考生，他们还会向我鞠躬，这时候，我会格外感动。他们是即将走上战场的战士，中国的高考，无疑是一场真正的战争，作为他们的长辈、老师，会有不舍，但是，也只能要求他们义无反顾地走向阵地。那个振华堂，今天是考生们的休息室，考生们陆陆续续走了进去，两座石狮子端坐在那儿，为他们守护。这时，我会有一种欣慰的感觉：让他们再休息片刻，再积聚一些能量吧。门前的石狮子，突然感觉好慈祥，这只母狮怀抱一只幼狮，母狮的眼神与平常我看到的很不一样，慈爱、专注，似乎有些不舍。幼狮呢，似乎也一改平时顽皮、淘气的样子，那种相互依偎的神情、表现，会让人瞬间感动。

　　我的思绪会飘动。走在校园也会做白日梦，此刻就是这样。这样静谧的场景多好啊，并不是越缤纷、越绚烂越好。比如，在一片广袤的天地，没有云彩，天是纯一色淡蓝，山是纯一色的淡绿，大地是纯一色的橙黄，像一幅画，单调、单一，可是，突然有一匹马，跑进了画面，与画面的色彩、情调融为一体，画面的意境瞬刻就会发生变化。此刻不就是这样吗？平常的校园，一旦做了高考的考场，每一个考生的出现，不正像那匹马吗？所有的遐思，都会从我的心头涌出来。

　　下午，第二场高考又在进行之中。考区好安静啊，只听得见树上鸟的鸣啭声音。一千多个考生坐在考场，全神贯注，十二年的学校生活的积累，都要在笔底喷泻。中国的大地唯有此刻是最安静的，无论谁都不能，也不敢惊扰这份安静。上午考过"关于青春朽与不朽"的材料作文，什么是"青春"？什么是"朽与不朽"？所有的地方都不可能永恒，唯有校园里的青春是可以永

　　学校是美的

恒的，来了又走了，走了又来了，青春年龄段的孩子永远在这里。中午记者遇到我，要采访我对作文题的看法，却被我婉拒了。考生们此刻只能朝前走去，不能停留，更不能回顾。题目做得好否，都不重要了，重要的是我们已经尽力做完了这些题目。让考生们聚精会神地注视前方，去解答还没有解答的题目。

教学楼，今天成为了考场楼，考场是神圣的。神圣不神圣，其实只隔一堵墙。一堵墙，简单到不能再简单的一堵墙，我们每个人日常都能见到的一堵墙，一旦被赋予特殊的含义，一切都不一样了。一堵墙可以成为权威、成为力量、成为某种象征，也可以成为某种情感与情绪的规范。一堵墙黑白两色，对比、反差、衬托，加上一扇窗，小小的窗，安置在一角，对比、呼应，简洁到了极致，也张扬到了极致。此刻，我竟然注意到平时被我忽略的，却在某些特殊的场合蕴含非凡意义的这样的校园之墙。

孩子的眼睛是心灵的窗户，只有孩子的眼睛才是。那幢楼里的那间教室，我曾走过，我好像是巡视，一个女孩上课时，回过头来，我迎面碰撞到了这双眼睛。为何在上课的这个瞬间，她要把头回过去？一双专注的眼睛，里面有惊讶、疑惑，是那种天真的惊讶与疑惑。那是刚刚踏进我们校园不久的眼睛，从那双眼睛，我似乎能见到从幼稚园走出来时的更纯美的眼睛：纯朴与纯美、单纯与无邪。对世界，这双眼睛没有任何怀疑、疑惑、仇视、愤懑、贪恋的情感与情绪，充满希望、信心、信赖。所有的眼睛，在这样的眼睛面前，都会黯然失色。现在，他们踏进了考场。鲤鱼跳龙门，对考生来说，考场之门就是龙门。他们成长了，但是，他们是否还保留着那样的眼睛？

校园里有许多石础，虽然风化了，但古朴、苍老掩盖不住它们的美，它们的图案、纹饰大气，是几百年前的旧物。古代的屋宇没有了，但曾经支撑它们的石础还在。日头西落，高考第一天即将结束。考生走出考场，一个个从石础身边走过，脸上有的有表情，有的没有表情。对他们来说，几个小时，几乎经历了春夏秋冬。考卷上有欣喜，也有遗憾。我看着考生，又望望石础。

构一条廊，紫藤花香，此去经年，繁花几趟。

一盆盆的植物花草摆放在石础上，蓬勃的生命与苍老的石器在一起，是对照，也是叙事。这些小花小草，与琼楼玉宇相比，又当何如？

天色暗了下来，白昼与黑夜终要融入同一种颜色。这种融入是渐进的过程，色差是一点一点地呈现出来的，从暖色到冷色，从温暖到凉爽，就在这不知不觉的变化之中。考生都走了，校园又安静了下来。微风吹过，树叶微微摇动，除此之外，什么也没有。一天的紧张之后，可以放松了，我一个人仍走在校园里。前面是千年名石瑞云峰的影子，越来越迷蒙，我似乎走入了画意与诗境。

2015 年 6 月 7 日

学校是美的

图书在版编目（CIP）数据

学校是美的 / 柳袁照著 . —上海：华东师范大学出版社，2016.1
ISBN 978 - 7 - 5675 - 4823 - 7

Ⅰ . ①学 ... Ⅱ . ①柳 ... Ⅲ . ①教育学—文集 Ⅳ . ① G40-53

中国版本图书馆 CIP 数据核字（2016）第 031933 号

大夏书系·教育随笔

学校是美的

著　　者	柳袁照
策划编辑	李永梅
审读编辑	齐凤楠
封面设计	奇文云海·设计顾问

出版发行　华东师范大学出版社
社　　址　上海市中山北路 3663 号　邮编　200062
网　　址　www.ecnupress.com.cn
电　　话　021 - 60821666　行政传真　021 - 62572105
客服电话　021 - 62865537
邮购电话　021 - 62869887　地址　上海市中山北路 3663 号华东师范大学校内先锋路口
网　　店　http: //hdsdcbs.tmall.com

印 刷 者	北京汇林印务有限公司
开　　本	700×1000　16 开
插　　页	1
印　　张	15.5
字　　数	208 千字
版　　次	2016 年 4 月第一版
印　　次	2021 年 5 月第二次
印　　数	6 101–7 100
书　　号	ISBN 978 - 7 - 5675 - 4823 - 7/G · 9166
定　　价	39.80 元

出版人　王　焰

（如发现本版图书有印订质量问题，请寄回本社市场部调换或电话 021-62865537 联系）